Alexander Pope

Sämmtliche Werke

Alexander Pope

Sämmtliche Werke

ISBN/EAN: 9783743685970

Hergestellt in Europa, USA, Kanada, Australien, Japan

Cover: Foto ©ninafisch / pixelio.de

Weitere Bücher finden Sie auf **www.hansebooks.com**

Des

Alexander Pope Esq.

sämmtliche

Werke

mit

Wilh. Warburtons

Commentar und Anmerkungen.

Fünfter Band.

Mit höchst Kayserlichem Privilegio.

STRASBURG

druckts Heiß und Tannbach, 1778.

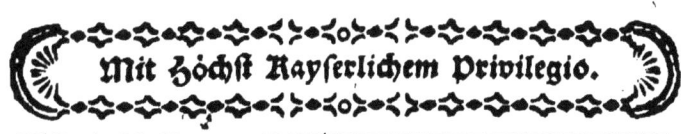

Innhalt

des

Fünften Bandes.

Innhalt.

Satiren und Episteln
nach
dem Horaz.

Vorbericht.

Die Veranlaſſung, warum ich dieſe Nachahmungen drucken ließ, gab das Geſchrey, welches man über einige meiner Epiſteln erhoben hatte. Eine Beantwortung aus
dem Horaz war vollkommner, und hatte mehr
Würde, als jede andre, die ich ſelbſt hätte
machen können; und das Beyſpiel einer weit
größern Freymüthigkeit eines ſo berühmten Geiſtlichen, als Dr. Donne, ſchien mir ein Beweis
zu ſeyn, mit welchem Unwillen, und mit welcher Verachtung ein Chriſt mit Laſter und
Thorheit umgehen kann, ſie mögen ſo niedrig,
oder ſo hoch ſeyn, als ſie wollen; Dieſe Verfaſſer waren beyde bey den Prinzen und Mi-
niſtern, unter welchen ſie lebten, beliebt. Ich
verſifirte die Satiren des Dr. Donne auf
Begehren des Grafen von Oxford, als er

Oberschaßmeister war, und des Herzogs von
Shrewsbury, welcher Staatssecretär gewesen
war; keiner von den beyden sah eine Satire
auf lasterhafte Höfe für eine Schmähung desjenigen Hofes an, dem sie dienten. Und gewiß ist kein größerer Irrthum auf der Welt,
als der Irrthum, worinn Narren so leicht verfallen, und den Betrüger, aus guter Ursache,
so gern unterhalten, daß man einen Satiristen mit einem Pasquillanten verwechselt: da
doch einem wahren Satiristen nichts verhaßter ist, als ein Pasquillant, und zwar aus
eben dem Grunde, warum einem wahrhaftig
tugendhaften Manne niemand verhaßter ist,
als ein Heuchler.

Vni aequus Virtuti atque eius Amicis. P.

Die erste Satire

des ersten Buchs

nach

dem Horaz.

Wer hier eine Paraphrase des Horaz, oder eine getreue Copey seines Genies, oder seiner Art zu schreiben erwartet, der wird sich sehr irren. Unser Verfasser gebrauchet den römischen Dichter fast zu nichts anders, als zu seiner Grundfarbe: und wenn die alte Zeichnung, oder das Colorit seiner Absicht von ungefähr entspricht, so ist es gut: wo nicht, so

nimmt er seine eignen, ohne Bedenken und
Umstände. Daher ist er so oft ernsthaft, wenn
Horaz scherzet; und lustig, wenn Horaz ver-
drießlich ist. Mit einem Worte, er ordnet seine Bewegungen nach seinem Original nicht mehr,
als zu einer Uebereinstimmung nöthig war, um
ihren gemeinschaftlichen Plan der Verbesserung
der Sitten auszuführen.

Wäre es bloß seine Absicht gewesen, einen
alten Satiristen zu paraphrasiren, so würde er
schwerlich den Horaz gewählet haben; mit dem
er, als Poet, wenig gemein hatte, außer einer weitläuftigen Kenntniß des Lebens und
der Sitten, und eine gewisse eigne glückliche
Fertigkeit des Ausdruckes, welche darinn bestehet, daß er sich der einfältigsten Sprache mit
Würde und der geschmücktesten mit Ungezwungenheit. bedienet. Außer diesem würde ihn die
Harmonie und Stärke seiner Verse, der Nachdruck und Glanz in seinem Colorit, die Ma-
jestät und Erhabenheit seiner Sentiments eher
verleitet haben, ein andres Muster zu wählen.
Seine Denkungsart war gleichfalls der Hora-

tischen eben so ungleich, als seine Talente. Das, worüber Horaz nur lachen würde, würde Pope mit der strengen Ernsthaftigkeit des Persius behandeln: und was Herr Pope mit dem brennenden Blitz des Juvenal angreifen würde, das würde Horaz nur lächerlich machen.

Wenn man demnach fragt, warum er überhaupt einen einzigen nachgeahmet habe, so hat er diese Frage in seinem Vorbericht beantwortet. Wir wollen nur noch hinzu setzen, daß diese Art von Nachahmungen, welche die Natur der Parodien an sich haben, dem Witze des Originals eine neue Anmuth und mehr Glanz geben. Außerdem fand er es sittsamer, seinen Satiren den Namen Nachahmungen zu geben, als mit dem Despreaux Nachahmungen Satiren zu nennen.

Erste Satire

an den Herrn Fortescue.

P. Es giebt Leute, (kaum sollte ichs denken,
aber man sagt es) es giebt Leute, denen meine Satire zu kühn ist. Für den weisen [1] Peter ist sie nicht höflich genug, und vom

Anmerkungen.

[1] Kaum für den weisen Peter — Chartres.
Man hat überhaupt von den Engländern bemerket,
daß ein Dieb niemals zum Galgen gehet, ohne von
den Zuschauern bedauret zu werden, die denn zum
Abschiede noch auf die Härte der Gesetze fluchen, welche ihn dahin brachte: und dieses hat man eben so
oft dem guten Herzen dieses Volks zugeschrieben.
Allein es ist ein Irrthum. Die wahre Ursache ist sein
Haß, und sein Neid gegen die Gewalt. Sein Mit-

Chartres redet sie viel zu grob. Ein andrer beliebt zu sagen, die Zeilen sind matt; Lord Fanny spinnet tausend dergleichen in einem Tage. Furchtsam von Natur [2], und bange vor dem Reichen, wende ich mich zu einem Rechtsgelehrten, um seinen Rath zu hören. Unterrichten Sie mich, wie ein weiser und freymüthiger Freund, und (wie sie immer pflegen) ohne Gebühren.

F. Hören sie auf zu schreiben.

P. Zu schreiben [3]? Aber denn denke ich; und ich will sterben, wenn ich ein Auge schlies-

A 5

Anmerkungen.

leiden mit Dunsen und Nichtswürdigen (wenn sie von größern Schriftstellern entweder zur Rechtfertigung ihrer Zeit, oder ihres eignen Charakters, der öffentlichen Verachtung blos gestellet werden) hat eben diese Quelle. Sie erstrecken ihren Neid gegen ein höheres Genie unter Klagen über die Strenge seiner Feder.

[2] *Furchtsam von Natur, bange vor den Reichen.* Die Feinheit dieser Zeile liegt nicht so sehr in der ironischen Anwendung derselben auf sich selbst, als in der ernsthaften Bezeichnung des Charakters des Mannes, den er um Rath fragt.

[3] *Zu schreiben?* Er hat das Lustigste der Antwort weggelassen.

sen kann. Ich schlummere in Gesellschaft, wache des Nachts, Narren kommen mir in den
Kopf, und so schreibe ich.

F. Das Schlimmste was Sie thun könnten!
Währen Ihnen die Nächte zu lang — —
nehmen sie eine Frau: oder wollen Sie gern
schlafen ; Schmalzkraut und Schlüsselblumen-
wein, *probatum est!* Aber fragen Sie den Celsus; Celsus verschreibt Hirschhorn [4], oder etwas anders, was den Schlaf befördern soll.
Müssen Sie aber durchaus schreiben, so schreiben Sie das Lob Cäsars; der Ritterorden
oder der Lorbeerkranz sind das geringste, was
Sie dafür erwarten können.

Anmerkungen.

Peream male , si non Optimum erat.

Und hat das Schöne verlohren, da er die Kürze des
verum nequeo dormire nicht nachgeahmet hat. Denn
die Kürze, wenn sie klar ist (wie in dieser Stelle)
giebt der Eleganz eines Ausdrucks die größte Schönheit. — Aber das folgende übertrift das Original
eben so sehr, als dieses ihm nachstehet.

4 Hirschhorn. Eine Spötterey über die Neuig-
keit dieser vorgeschriebenen Arzney.

P. Wie? Sollte ich, wie Sir Richard [5], rasselnde, rauhe und schreckliche Warte, Gewehre, Georg und Braunschweig in meinen Vers drängen, und mit furchtbaren Tönen, Gestücken, Trommel, Trompete, Kartetschen und Donner ihre Ohren zerreißen? Oder voll edlen Unsinns mit dem Feuer, und der Stärke Budgels um sein stürzendes Pferd einen Krais von zitternden Engeln schildern [6]?

Anmerkungen.

[5] Wie? — wie Sir Richard. Herr Molineur, ein großer Mathematicus und Philosoph hatte eine große Meynung von dem poetischen Geiste des Sir Richard Blackmore. Alle unsre englischen Dichter, (sagt er in einem Briefe an Locke) Milton ausgenommen, sind gegen ihn bloße Gassendichter gewesen. Und Locke antwortet ihm, ich finde mit Vergnügen, unter ihren und meinen Gedanken durchaus eine ganz besondre Uebereinstimmung. Gerade so, wie ein römischer Rechtsgelehrter, und griechischer Geschichtschreiber von der Poesie des Cicero dachte. Aber da dieses Urtheile sind, welche Männer außer der Sphäre ihrer Profeßion fälleten, so können sie wenig gelten. Und Pope und Juvenal werden machen, daß Blackmore und Tullius bis ans Ende der Welt für Poetaster gehalten werden.

[6] Sein stürzendes Pferd. Das Pferd, worauf der König in der Schlacht bey Oudenarde fochte, als der Prätendent vor ihm flohe.

F. So laſſen Sie ihre Muſe zeigen, wie ſanft ſie ſingen kann: **Karolina** verſchönere den Wohlklang der lieblichen Zeile, **Amaliens** flieſſender Name wiege die Neune in den Schlaf, ihr Vers ergieße ſich ſanft durch die ganze königliche Linie!

P. Ach! wenige Verſe rühren ihr feineres Ohr; kaum mögen ſie ihren Laureaten zweymal im ganzen Jahre hören; und Cäſar hat Recht, wenn er die Lieder des Dichters verachtet; er erwartet ſeinen Ruhm von der Geſchichte.

F. Aber es iſt doch zehnmal beſſer, Cibber ſeyn, als allen Geſchmack verſpotten, aufs Quadrille läſtern, den ehrlichſten Mann in der Stadt in [7] Reimen mißhandeln, und über Pairs lachen, welche ſich auf Peter verlaſſen. Sogar die, von denen Sie nichts ſagen, haſſen Sie.

Anmerkungen.

[7] **Den ehrlichſten Mann — in Reimen mißhandeln.** Der ehrlichſte Mann, eine Stadtredensart, für den reichſten gebräuchlich. In Reimen, kein unnützer Zuſatz, ſondern er will andeuten, was ein Bürger für das Größeſte bey der Beleidigung hält.

P. Was schmerzet Sie denn [8]?

F. Hundert fühlen sich in dem Timon und Balaam: je weniger Sie nennen, je mehr verwunden Sie: Bond ist nur ein einziger, aber Harpax sind wohl Hundert.

P. Jeder Mensch hat sein eignes Vergnügen. Niemand verwehret dem Scarsdale seine Flasche, oder dem Darty seine Schinkenpastete [9]; Ridotta trinket, und tanzet so lange, bis sie die Lichter doppelt, und eben so geschwind tanzen siehet, als sie selbst.

Anmerkungen.

[8] Was schmerzte sie? Horaz zeigt von Weiten Eine Ursache an, weil nämlich jeder sich fürchte, daß die Reihe zunächst an ihn kommen möchte: sein Nachahmer giebt eine andre an, und zwar mit mehrerer Kunst eine Ursache, welche zu verstehen giebt, daß selbst seine Gelindigkeit, da er sich erdichteter Namen bediene, die Anzahl seiner Feinde vermehre.

[9] Darty seine Schinkenpastete ꝛc. Dieser Freund der Wildpastete gestand die Richtigkeit der Schilderung des Dichters ein; und sagte, er hätte seinem Geschmack Gerechtigkeit wiederfahren lassen; hätte er ihm aber statt der Wildpastete eine andre gegeben, so würde er es ihm niemals verziehen haben.

F. * liebet das Parlament, ſein Bruder Hockley-hole, zwey Brüder, ſonſt in allen andern Stücken ſo gleich, wie ein Ey dem andern [10]. Auch ich habe meinen eignen Trieb: ich mag gern mein ganzes Herz aus-ſchütten, ſo offenherzig wie der treuherzige Ship-pen, oder wie der alte Montagne [11]. Durch

---

Anmerkungen.

[10] Im übrigen ſo gleich, wie ein Ey dem an-dern. Dieſes iſt weder ſo angemeſſen, noch ſo fein, als das

Ouo prognatus eodem.

Denn wenn es gleich ſeltſam zu ſeyn ſcheinet, daß die-jenigen, die aus einem Ey entſtehen, ganz entge-gengeſetzte Gemüthsarten und Abſichten haben; ſo iſt es doch nichts ſeltſames, daß zwey Brüder, die ſich ſonſt in allen andern Stücken gleich ſind, an verſchiedenen Dingen ihr Vergnügen finden.

[11] Wie der treuherzige Shippen, oder der alte Montagne. Sie hatten in der That das ge-mein, daß ſie ſich im Reden großer Freyheiten bedien-ten, und ſagten, was ſie dachten. Montagne hatte viele Eigenſchaften, wodurch er ſich die Liebe und Hochachtung ſeiner Leſer erwarb: der andre hatte eine, wodurch er ſich immer eine günſtige Aufmerkſamkeit ſeiner Zuhörer zuzog. Denn wie ein berühmter rö-miſcher Redner bemerket: "Maledicit INERVDITVS "apertius et ſaepius cum periculo etiam ſuo. Af-"fert et iſta res OPINIONEM, quia libentiſſime ho-"mines audiunt ea quae dicere *ipſi* noluiſſent. „

Offenherzigkeit unsrer Liebe versichert, zeigten
diese ihr innerstes Herz, und hielten keinen Gedanken zurück; und wenn man bey mir Flecken bemerket, (denn Flecken habe ich) so werden sie wenigstens beweisen, daß das Medium
klar seyn muß [12]. In diesem unparteyischen
Spiegel will meine Muse mich selbst, meine
Feinde und Freunde, getreu darstellen, und
die itzige Zeit schildern, das gar zu hohe Laster
aber der folgenden überlassen. Meine Feinde
sollen meinem Leben ein längers Zeitmaaß wünschen, und jeder Freund soll meinen Tod desto
weniger beklagen. Indem mein Kopf und
mein Herz also durch meine Feder fließen [13],

Anmerkungen.

[12] **Das Medium klar seyn müsse.** Eine Anspielung auf eine Quelle von klarem Wasser, durch
welches das, was auf dem Grunde liegt gesehen wird.
Dieser Gedanke half ihm zu der ungezwungenen und
glücklichen Veränderung der Metapher in der folgenden Zeile.

[13] **Indem mein Kopf und mein Herz also
durch meine Feder fließet.** Nicht so schön, als das
Original.

  Ille velut fidis arcana sodalibus olim
  Credebat libris etc.

Persius spielte auf diesen Gedanken an, wenn er sagte:
   Vidi, vidi ipse, Libelle! etc.

nenne man mich, wie man will [14], einen
Versmacher, oder Prosaisten, Papisten oder
Protestanten, oder ein Mittelding zwischen bey-
den, das, wie der gute Erasmus seinen ganzen
Ruhm in einer ehrbaren Mittelstraße, und in
der Mäßigung setzet, wenn Tories mich einen
Whig, und Whigs einen Tory nennen.

Die Satire ist mein Gewehr [15]; aber ich
bin zu vorsichtig, alles unsinnig anzugreifen,
und

Anmerkungen.

[14] **Nenne mich, wie man will, Reimer, oder
Prosaisten, Papisten oder Protestanten.** Der
Original-Gedanke, (der sehr platt, und so übel und
ungeschickt ausgedrückt ist, daß man ihn für einen Zusatz eines Mönchs hält,) ist hier vortreflich in einem
lebhaften Charakter von ihm selbst, und seinen Schriften
nachgeahmet.

[15] **Die Satire ist mein Gewehr.** In diesen
Worten hat unser Verfasser den wahren Charakter der
ironischen Rechtfertigung des Horaz glücklich erkläret.
Sie ist folgende: Die Natur, sagt er, hat allen Creatu-
ren die Mittel gegeben, zu beleidigen und sich zu weh-
ren: Der Wolf hat Zähne, der Stier Hörner, und
ich habe ein Talent zur Satire. Und indem er sein
Recht zu diesem natürlichen Gewehr, der Satire,
rechtfertiget, zeigt er auch ihren moralischen Nutzen;

und gegen alles, was mir begegnet, meinen
Speer zu brechen. Ich trage es nur in einem
Lande der Hectors [16], der Diebe, Supercargos,
Spieler und Directors [17]. Meinetwegen be-

Popens W. B. 5. **B**

Anmerkungen.

er bestand darinn, daß er sich damit gegen die schäd-
lichen Eigenschaften, welche die Natur dem Cervius
zu verklagen, der Canidia zu vergiften, und dem
Turius ein Urtheil zu sprechen, gegeben hatte,
wehrete. Die Wendung dieser scherzhaften Schlußfol-
ge ist schön und fein; und wir sehen, daß sein Nachahmer die ganze Stärke derselben einsah.

[16] Ich trage es nur im Lande der Hectors zc.
Schöner, als das

tutus ab infestis latronibus,

welches bloß die Metapher des

ensis
Vagina tectus

fortsetzet; in der Nachahmung liegt mehr; denn sie
giebt zugleich mit der Metapher das Bild des Subjects,
indem sie dem Leser die verschiedenen Gegenstände der
Satire vorstellet.

[17] Diebe, und Supercargos. Die Namen,
welche damals gemeiniglich denen gegeben wurden,
welche die Handlungsgesellschaften mit ihren Schiffen
versandten, und ihnen die Besorgung ihrer auswärtigen Geschäfte anvertrauten.

darf es keiner Armee [18]. Eine Rinde von ewigen Roſt überziehe Schwerdter, Lanzen und Geſtücke! Der Friede iſt mein Verlangen, und meine Luſt — Fleury ſelbſt kann ihn nicht mehr lieben: aber rührt mich jemand an, ſo iſt kein Miniſter empfindlicher, als ich. Wer mich zu einer unrechten Zeit beleidiget, ſchlüpft in einen Vers, und bleibt, ſo lange er lebt,

---

Anmerkungen.

[18] **Sparet nur unſre Armee.** "Une Maladie
"nouvelle (ſagt der vortrefliche Verfaſſer des Esprit
"des Loix) s'eſt répandue en Europe; elle a ſaiſi
"nos Princes, et leur fait entretenir un nombre dés-
"ordonné de Troupes. Elle a ſes Redoublemens,
"et elle devient *neceſſairement contagieuſe.* Car ſi-
"tot qu'un Etat augmente ce qu'il appelle ſes Trou-
"pes, les autres ſoudain augmentent les leurs, de
"façon qu'on ne gagne rien par-là que la Ruine
"commune. Chaque Monarque tient ſur le pied tou-
"tes les Armées qu'il pourroit avoir ſi ſes peuples
"étoient en danger d'être exterminés; et on nomme
"*Paix cet état d'effort de tous contre tous.* Auſſi
"l'Europe eſt-elle ſi ruinée, que les particuliers, qui
"ſeroient dans la ſituation où ſont les trois Puiſſan-
"ces de cette partie du monde les plus opulentes,
"n'auroient pas de quoi vivre. Nous ſommes pauvres
"avec les Richeſſes, et le commerce de tout l'Uni-
"vers; et bientot, à force d'avoir des Soldats, nous
"n'aurons plus que des Soldats, et nous ferons com-
"me des Tartares. „

ein Opfer der Spötterey, und eine traurige
Bürde manches lachenden Gedichtes.

Von dem Zorn der Delia befürchte Verläumdung oder Gift, harte Worte, oder den Galgen von Page, wenn er Richter ist; die wü-
tende Sappho drohet nichts gelinders; Krank-
heiten dem, den sie liebt, oder Libellen dem,
den sie hasset [19]. Jedes Geschöpf kennet seine
eigene Macht zu schaden [20]. Stiere weisen

B 2

Anmerkungen.

[19] Von dem Zorn — Verläumdung, — den
sie hasset 2c. Es scheinet hierinn mehr Leben zu seyn,
als im Original. Doch läßt sich das schwerlich mit
Gewißheit behaupten. Denn ob man gleich sicher sagen kann, daß in den Zeilen: " von der heftigen
" Sappho hat man kein bessers Schicksal zu erwarten 2c.
" mehr Stärke sey, als in der Zeile

Canidia Albutî, quibus est inimica, venenum;

" so konnte doch in dem Charakter, oder der Geschich-
" te des Cervius, denn wie wissen wir es? sich etwas
" befinden, welches dieser Zeile eben so viel Lebhaftig-
" keit und einen gleichen Stachel mit der Zeile ge-
" ben: 2c. „ " Schimpfwörter oder den Galgen, wenn
" Page nur Richter ist. „

[20] Seine eigne Macht, zu schaden. Alle Zeilen,
außer den beyden letzten, sind an Schönheit und Prä-
cision dem Original nachzusetzen.

ihre Hörner, und Eſel haben ihren Huf; der
Bär ſchlägt nicht, ſondern drücket; und nie=
mand wundert ſich, wenn der Affe ihn nicht ſticht.
Eben ſo, wenn ihr mit Walters trinket, oder beym
Chartres ſpeiſet, werden ſie euch nicht vergif=
ten, ſondern nur betriegen.

Mein Schickſal ſey demnach, (um es kurz
zu ſagen) wie es wolle, ſchlimm oder gut bey
Hofe; es mag das betagte Alter ²¹ mit ſchwa=
chen, aber frohen Strahlen, den Abend meiner
Tage beſcheinen, oder der ſchwarze Flügel des
Todes mag bereits ausgebreitet ſeyn, mich in
den alles umfangenden Schatten zu verhüllen;
ſollte ich im ſchwarzen Winkel denken, oder
im geweißten die Wand ²² mit einem Spiele

Anmerkungen.

²¹ **Es mag betagtes Alter** — Das Original iſt
vollkommner, und ſo gar erhaben. Außerdem hat der
letzte Vers (to wrap me in the univerſel ſhade, mich
in den allgemeinen Schatten verhüllen) eine Mattig=
keit, und einen Ueberfluß, der unſerm Verfaſſer un=
gewöhnlich iſt.

²² **Sollte ich im ſchwarzen Zimmer** — oder
die geweißte Wand. — Dieſes iſt bloß ein Scherz
über die Worte des Originals:

Quisquis erit vitae color.

beschreiben: so will ich im Gefängniß, in der Verbannung, in Bedlam, oder in der Mint, wie Lee oder Budgell, reimen und drucken lassen ²³.

§. Armer Jüngling! Ihrer Tage werden nicht viel seyn! Eines Verses wegen werden Sie in der Blüthe ihres Alters sterben! Capitalisten und Directors, Shylock und seine Frau werden ihre Pfennige zusammen schießen, um Sie aus dem Wege zu schaffen ²⁴.

B 3

Anmerkungen.

²³ Im Gefängniß, in der Verbannung, in Bedlam oder Mint. Der Dichter konnte, unter unsrer billigen Regierung von dem Unglück, das der witzige Kopf auszustehen hat, nach Belieben, und in aller dieser leichtfertigen Schreibart reden. Für den Horaz aber war die Sache ernsthaft; und sie ist es noch itzt für unsre witzige Nachbaren; von welchen einer ihren Zustand wohl ausgedrückt hat:

Eh! Que sait-on? Un simple badinage,
Mal entendu d'un Prude , ou d'un Sot,
Peut vous jetter sur un autre rivage :
Pour perdre un Sage , il ne faut qu'un Bigot.

²⁵ Schießen ihre Pfennige zusammen. Das Bild ist ungemein lustig, und verräth zugleich die Un-

V. Was? Wenn ich bewaffnet [25] für die
Tugend meine Feder schärfe, die freche Stirn
der schamlosen Sünder zu brandmaalen?
Wenn ich den stolzen Spieler in seiner güldnen
Kutsche schaamroth mache, und das schlechte
Herz entblöße, das sich unter einem Stern ver-
steckte, kann es mir dann an Lichtern der Kir-
che, an Beschützern der Gesetze fehlen [26], die
eine so gute Sache mit mir vertheidigen?
Boileau, ungeachtet seines Gehalts, sollte in

Anmerkungen.

gerechtigkeit ihres Zorns selbst in dem Umstande, wie
sie ihn auslassen; weil er beweiset, daß der Dichter
von ihrem Geiz nichts mehr gesagt hatte, als was
wahr war. Der Reichthum unsers Verfassers an Witz
macht seinen Lesern ein Bedenken ob sie sein Talent
zum lustigen (Humour) eingestehen sollen. Allein
er ist an beyden reich; und der eine entfließt ihm ohne Zwang, das andere aber stehet immer da, wo es
angemessen ist.

[25] Wie? Wenn ich für die Tugend bewaffnet,
u. s. w. Hier übertrift er nicht nur den Horaz, sondern er ist auch so schön, als er irgendwo seyn kann.

[26] An Lichtern der Kirche, oder Beschützern
der Gesetze. Weil eine gerechte Satire eine nützliche Ergänzung der Vorschriften der Gesetze und Religion ist; und also ein Recht hat, vor denen, welche der Verwaltung der Kirche oder des Staats vorstehen, Schutz zu fodern.

dreiſten Gedichten ſelbſt unter der Regierung
Ludwigs, Schmeichler und Scheinheilige züch-
tigen ²⁷; der gekrönte Dryden ſollte ſich an
Mönchen und Kupplern vergreifen, ohne we-
der den Carl noch den Jakob zu erzürnen; und
ich dürfte einem Nichtswürdigen den güldnen
Schleyer nicht abziehen, ich, der weder ein
Amt noch einen Gehalt habe, keines Menſchen
Erbe, und keines Menſchen Sklav bin ²⁸? Ich

B 4

Anmerkungen.

²⁷ **Konnte Boileau — konnte Dryden.** Ich
glaube man würde es beyden nicht erlaubt haben,
wenn ſie nicht ihren Höfen ausnehmende Schmeicheleyen bezeiget hätten.

Horaz wollte die vorigen Zeiten loben, und deswegen giebt er uns die tugendhaften Beyſpiele des Scipio und Lälius: Herr Pope wollte auf die ißige Zeit
ſatiriſiren, und deswegen, giebt er uns die laſterhaf-
ten Exempel Ludewigs, Carls und Jakobs. Zu
beyden ſind die Beyſpiele gleich ſchicklich; aber zu
der letzten Abſicht haben ſie mehr Stärke. Nur die
Zeile

     Vni aequus virtuti atque eius amicis,

verlieret etwas von ihrer Lebhaftigkeit in der Nachahmung; denn die *amici*, worauf ſich Horaz beziehet,
waren Scipio und Lälius.

²⁸ **Ohne Amt, ohne Gehalt, keines Menſchen Erbe oder Sklav.** Herr Pope machte, wie

will es, oder ich will in einer so edlen Sache sterben: höret dieses, und zittert, ihr, die ihr den Gesetzen entwischet! Ja so lang ich lebe, soll kein reicher oder hoher Schelm im

---

Anmerkungen.

bekannt, sein Glück durch seinen Homer. Der Oberschatzmeister Orford wollte es ihm widerrathen; denn, sagte er, ein so großes Genie muß sich nicht auf Uebersetzungen einschränken. Er begegnete dem Verfasser immer höflich; und gab ihm oft sein Mißvergnügen zu verstehen, daß seine Religion ihn unfähig machte, eine Bedienung zu erhalten. Doch sprach er niemals von einem Gehalte. Für dieses Anerbiethen hatte er bloß den Ministers von der Partey der Whigs zu danken. Im Anfange der Regierung Georgs I. ließ der Lord Halifax, aus eignem Antrieb, den Herrn Pope zu sich kommen, und sagte ihm, es hätte ihn oft gekränkt, daß man einen so großen Dichter niemals hervorgezogen hätte; es freue ihn, daß er itzt im Stande wäre, ihm zu dienen; und wenn er wollte, so sollte er eine Pension genießen, ohne sich irgend wozu anheischig zu machen. Herr Pope dankte ihm, und bath sich eine Bedenkzeit aus. Nach dreyen Monaten (da er von diesem Lord nichts weiter gehöret hatte) schrieb er einen Brief an ihn, und dankte noch einmal; er nahm auch Gelegenheit, von der Pension mit vieler Gleichgültigkeit zu reden. Die Sache blieb also so lange liegen, bis Herr Craggs ins Ministerium kam; wo denn die Sache wegen der Pension wieder vorgenommen wurde. Und dieser Minister sagte dem Herrn Pope auf eine sehr freymüthige und freundschaftliche Art, daß ihm itzt drey

Anſehen ſeine Reiſe durch die Welt vollenden.
Nur ein Freund der Tugend will ich ſeyn,
und ein Freund ihrer Freunde; der übrige
Theil der Welt mag murren, oder loben.
Aller entfernte Lärm dieſer Welt rauſchet über
meine Grotte hin, und macht nur meinen
Schlaf ſüßer. Hier verſchönern die beſten Ge-
ſellſchafter meine Einſamkeit; Heerführer, die
abgedankt, und Staatsmänner, die ihre Bedienung niedergelegt haben. Hier miſchet mein

B 5

Anmerkungen.

· hundert Pfund alle Jahre zu Dienſte ſtünden: er hätte
die Aufſicht über die Gelder der geheimen Bedienungen, und könnte ihm dieſe Penſion auszahlen, ohne
daß es bekannt, oder jemals berechnet würde. Aber
Herr Pope verbath ſich dieſelbe itzt ohne Bedenken:
doch ſagte er, aus Erkenntlichkeit für ein ſo freund-
ſchaftliches Anerbiethen, dem Secretär, wenn er Geld
nöthig haben ſollte, ſo wollte er ſich die Freyheit nehmen, einen Wechſel von 100 bis 200 Pfund auf ihn
zu ziehen; doch hat er ihn niemals gezogen. Herr
Craggs bath ihn mehr als einmal darum; und führte
zum Grunde an, daß er einen Wagen halten müßte,
welchen Herr Pope richtig genug fand. Allein ein
Gehalt, den er nur bittweiſe haben konnte, machte,
daß er ſehr klug die Gedanken, eine Equipage zu halten, fahren ließ; denn es war weit beſſer, nie damit
anzufangen, wenn er ſie nicht gehörig halten konnte.

St. John unter meinen freundschaftlichen Becher Nahrung für den Verstand, und Ausgüsse
der Seele: und der, dessen Blitz durch die
Glieder der Jberier brach [29], bildet hier bald
meinen Quincunx, bald ordnet er meine Re-
ben, oder zähmet die Natur des widerspensti-
gen Feldes, fast eben so schnell, als er Spanien bezwang.

Der Neid muß gestehen [30], daß ich mit
den Großen nicht als ein Spion des Staats
umgehe: meine Augen forschen nicht, meine
Zunge sagt nicht wieder. Es ist meine Freude,
Freundschaften zu erweitern, und Mißverständ-

Anmerkungen.

29 Und der, dessen Blitz. Carl Mordaunt,
Graf von Peterborow, der im Jahre 1705 Barcelona
einnahm, und im folgenden Winter mit nicht mehr
als 280 Reutern und 900 Fußvölkern die Eroberung
von Valentia unternahm, und ausführte.   P.

30 Der Neid muß gestehen. Horaz setzt sein
Point d'honneur bloß darinn, daß er vertraut mit
den Großen lebt:

> Cum magnis vixisse inuita fatebitur vsque
> Inuidia.

niſſe beyzulegen; dem zu helfen, der der Hülfe
bedarf, den zu befördern, der andere übertrift;
dieſes wiſſen alle, die mich kennen, ſagen alle,
die mich lieben; die aber, die mich unbekannt
verläumden, ſie mögen Schmierer oder Pairs
ſeyn, die alle halte ich für Pöbel. Das iſt
meine Schutzſchrift, hierauf gründe ich meine
Sache — Sie, mein Anwald, als ein Rechtsgelehrter, was ſagen Sie?

F. Die Vertheidigung läßt ſich hören; aber
doch ſage ich noch immer, hüten Sie Sich!
Die Geſetze werden von Menſchen erkläret —
ſehen Sie Sich alſo vor! — In den alten
Nachrichten ſtehet, daß zu Richards Zeiten ein
Menſch ſehr ehrbarer Verſe wegen gehangen

Anmerkungen.

Unſer Dichter ſetzt es edler, darinn, daß er mit ihnen
auf den Fuß eines ehrlichen Mannes umgeht. —
Er wußte ſich viel mit dieſem Vorzuge, wie aus folgenden Worten in einem Briefe an den Dr. Swift
erhellet: "Großen Leuten gefallen, iſt, wie Horaz
"ſagt, ein Lob; aber ihnen nicht geſchmeichelt ha-
"ben, und ihnen dennoch nicht mißfallen, iſt ein noch
"größers Lob." B. VII. Jan. 12. 1723.

fey ³¹. Schlagen Sie die Landesverordnun-
gen in Quart nach.   Ich denke, des *Ed-
wardi Sext.* oder *prim. et quint. Eliz.* Sehen
Sie unter dem Titel Libellen, Satiren nach) —
Da haben Sies — lesen Sie!

P. Libellen und Satiren ³² ! freylich, das
sind Sachen, die das Gesetz verbietet; Aber
moralische Episteln, die das Laster ans Licht

Anmerkungen.

³¹ **Ein Mensch gehangen wurde.** *Si mala con-
diderit.*   Ein großer französischer Rechtsgelehrter erkläret diese Materie sehr richtig. "L'Aristocratie est
le Gouvernement qui proscrit le plus les Ouvrages
satiriques. Les Magistrats y sont de petits souve-
rains, qui ne sont pas assez grands pour mepriser
les injures. Si dans la Monarchie quelque trait va
contre le Monarque, il est si haut que le trait n'ar-
rive point jusqu'à lui; un Seigneur Aristocratique
en est percé de part en part.   Aussi les *Decemvirs*,
qui formoient une Aristocratie, punirent - ils de
mort les Ecrits Satiriques. „   De l'Esprit des Loix.
L. XII. c. 13.

³² **Libellen und Satiren!** — aber ehrbare
Episteln ꝛc. Die von den Gesetzen hergenommene
Einwendung ist hier richtiger, und mit besserm An-
stande beantwortet, als in dem Original.   Horaz
macht sich durch ein Wortspiel von derselben los:

ziehen; Episteln, die ein König lesen, die ein
Bischof schreiben könnte: Episteln, die Sir
Robert billigen würde —.

F. So? das ist ein andrer Fall — [33] dann
mögen Sie immer schreiben: in solchen Fällen

Anmerkungen.

Esto, si quis *mala*; sed *bona* si quis

Aber die ehrbaren Episteln des Nachahmers zeigen,
die Satire sey ein ernsthafter Tadel, und also ließe
sie sich rechtfertigen; welches das *integer ipse* des
Originals nicht thut: denn ob dieses gleich die Beleidigung mildern könnte, so kann doch nichts den
Angriff rechtfertigen, als daß die Episteln ehrbar
sind.

33 So? Hor.

Soluentur risu tabulae.

Einige Kunstrichter sagen uns, der müsse keinen Geschmack haben, der diese Worte den Trebatius sagen ließe. Allein unser Dichter widerlegt diesen Tadel, indem er zeiget, wie schön der Verstand dieser
Worte mit dem Character seines Freundes überein-
stimmet. Der Rechtsgelehrte ist vorsichtig und furchtsam; aber so bald Sir Robert, der Beschützer der
Gesetze, und der Kirche, genannt wird, als ob er
sie billige, verändert er seine Sprache, und gestehet,
nach dem Ausdruck des alten Ploudon, es sey ein

wird der Kläger ausgezischt; die Richter lachen,
und Sie gehen frey aus.

Anmerkungen.

andrer Fall.   War es nun nicht eben so natürlich,
da Horaz sich hatte merken lassen, daß August selbst
ihn unterstütze, daß Trebatius, ein Hofadvocat, der
lange sein und seines Onkels Client gewesen war, bekannte, der Fall sey verändert?

Zweyte Satire

an den Herrn Bethel.

Was für eine Kunst und Tugend, und wie
groß sie sey, sich an wenigem zu begnügen, (eine weise Lehre, aber nicht von mir)
davon laßt uns reden, ihr Freunde, aber ehe
wir essen. Nicht erst dann, wenn der vom
Spiegel zurückgeworfene Schimmer eines vergüldeten Schenktisches, euch von der gesunden

Philosophie zur Seite ziehet [1] ; nicht wenn
eure Augen von Schüssel zu Schüssel laufen,
und der Gedanke nach dem schäumenden Becher tanzet. Höret, was **Bethel** [2] predigt, ein
Mann, zwar unbekannt mit den Schulen, aber
stark am Verstand, und weise, ohne die Regeln zu wissen.

Arbeitet, jaget, bewegt euch! (so fieng er
an) dann verachtet eine schlechte Mahlzeit,
wenn ihr könnt. Schmecken euch schlechtes
Brod und Milch, wenn der schwärmende Kel-
ner den Wein verschlossen hat, oder der ge-
frorne Fluß keine Fische giebt; so liegt das Vergnügen in euch, nicht in der Speise.

Aber

Anmerkungen.

[1] Der zurückgeworfene Schimmer eines Schenktisches — von der gesunden Philosophie zur
Seite ziehet. Stärker und glücklicher ausgedrückt,
als das *acclinis falsis* im Original; ob gleich das sehr
fein ist.

[2] Bethel. Eben der, an den viele Briefe des
Verfassers geschrieben sind.

Aber ich mag predigen, so viel ich will, unsre Leckermäuler werden doch den Phasan lieber essen, als die Henne. Doch finde ich afrikanische Hennen eben so schmackhaft, es sey denn, daß jemand die grünen und gülbnen Federn mit isset. Warum sollen unter Karpfen und Barben die großen die besten seyn, (ob gleich Mylord sie erst zerschneiden muß, ehe er essen kann) wenn ihr die kleinen Bütten so schön findet? Weil Gott diese groß, und jene kleiner erschuf! Oldfield ³ mit mehr als einem Harpyen Schlunde begabt, rufet: "O! gäbe mir ein Gott ein ganzes gebratenes Schwein ⁴!"

Popens W. B. 5.   C

Anmerkungen.

3 **Oldfield.** Dieser ausnehmende Schlemmer brachte ein Vermögen von funfzehn hundert Pfund jährlicher Einkünfte bloß durch die Ueppigkeit eines guten Tisches durch.

4 **Ein ganzes gebratenes Schwein.** Der Dichter hat hier die Schönheit des Originals durch eine andre ersetzt:

Porrectum magno magnum spectare catino,

welcher Vers durch die Langsamkeit der Silben, wo vier Spondeen nach einander folgen, die ungeheure

Verderbt es, ihr Südwinde ⁵, daß es Ge-
rüche ausdampfe, wie ein verfaultes Kaninchen! Sagt mir, nach welchem Kennzeichen
ihr esset, wenn ihr dieses Gericht liebet, weil es
frisch ist, und jenes, weil es stinkt? Dem
ekeln Schwelger, noch krank vom letzten Schmause, schmeckt das süsseste Gericht nicht: er fodert etwas bitters, oder etwas saures, und
das kostbare Gastmahl endigt sich höchst arm-
selig. Wir sehen noch wohlfeile Eyer, Kräu-
ter und Oliven auf dem Tische der Großen:
doch das ist alles, was noch von der alten
Einfalt übrig ist! Bisher war das Rothkehlchen
noch sicher, und die Kinder hielten das Nest
der Meerschwalbe für heilig, bis jemand, der

Anmerkungen.

Größe des Fisches, den der Schlemmer sich wünschte,
schön ausdrückt: (*a whole Hog barbecu'd !*)

Gebratenes (*barbecu'd* im Original,) ist ein in-
dianisches Wort der Schlemmer, und bedeutet ein
Schwein, das ganz gebraten, mit Gewürz ausgestopft
und mit Madera Wein übergossen ist.

⁵ Verderbt es ihr Südwinde! Dieses hat nicht
die Stärke, und giebt auch nicht die lustige Anspielung des Originalwortes *coquite.*   D.

ein Pair war, oder gern seyn möchte, die
Schnepfen so theuer kaufte. Wollte ich den
Geschmack einer mit Austern gemästeten Katze
loben, so würden sich in Bedfordheab⁶ bald
Gäste finden; oder wollte ich dem lebendigen
Krebs eine Lobrede halten⁷, so wollte ich sicher
am Hofe einen Freund finden.

Doch dient es zu nichts, über ein Laster zu
schmählen, und in ein andres zu fallen: zwischen Schwelgerey und Hunger liegt ein Mittel; ein einfältiges, aber nicht filziges, reinli-
ches, wiewohl nicht prächtiges Leben.

Avidien, oder seine Frau, (gleichgültig wer;
denn er ist ein Hund, und sie eine Hündin⁸)

C 2

Anmerkungen.

⁶ **Bedford-hegd.** Ein bekanntes Haus, wo man
speisen konnte.   P.

⁷ **Dem lebendigen Krebs ꝛc.** In den Worten
dixerit und *parebit* liegt eine Stärke, welche die Nachahmung nicht erreichet.

⁸ **Denn er ist ein Hund, und sie eine Hündin.**
Unser Dichter hatte die Geschicklichkeit, seinen gemei-

verkaufen die Rebhüner und Früchte, die ihnen geschenkt werden, und begnügen sich demü-
thig an Kaninchen und Wurzeln. Eine Flasche
von einem halben Oeßel ist das Maaß bey Tische für beyde, und schenkt zugleich Weineßig
und Wein. Doch an einem glücklichen Tage,
(wie der war, da sie einen verlohrnen Banko-
zettel fanden, oder da sie hörten, daß ihr Sohn
ertrunken war) an einem solchen Freudentage
können zwey so großmüthige Seelen sich unmög-
lich überwinden, den alten Weineßig zu spa-
ren; das Oel zwar, wenn es auch stinkt, gieß-
sen sie nur Tropfen bey Tropfen auf den
Sallat, aber desto milder überströmen sie ihn
mit Eßig.

Derjenige versteht die Kunst zu leben, der
das Mittel trift, und sich weder auf jene, noch
auf diese Seite neiget; der seinem Kellner
wegen eines schlecht vermachten Korks den Lohn
nicht abziehet, oder, wie Albutius, einen gu-

---

nen Ausdrücken Witz und Würde zu geben, welches
Horaz nicht scheint gelernt zu haben.

ten Koch wegfluchet; noch auch, wie Nävius,
bey jedem Fehler gleichgültig, schaalen Wein,
schmutziges Tuch und unreine Gläser auf seinem Tische leidet.

Höret nun, was für Glückseligkeiten die Mäs-
sigkeit geben kann: (also sagte unser Freund,
und ich singe ihm nach) Gesundheit ist ihre
erste Frucht: der Magen (wenn er mit mannichfaltigen Gerichten, Gebackenem und Ge-
bratenem, mit Fleisch und Fisch überladen;
wenn Galle und Winde, und Schleim, und
Säure mit einander kämpfen, und der ganze
Mensch ein innerlicher Krieg ist) erinnert sich
oft der einfältigen Speise des Knaben, seines
gesunden Schlafs und seines Blutes, so leicht,
wie die Luft.

Wie blaß stehen die hochehrwürdigen Gäste
von einem Schmause der Geistlichkeit oder der
Bürgerschaft auf! Was für Leben herrscht in
dem ganzen geräumigen Körper? Was für eine
himmlische Partikel beseelet diesen Thon? Die

C 3

Seele ſinkt zu Grunde 9 , als wäre ſie, ſelbſt
in vernünftigen Geiſtlichen, nur ſterblich.

Aber wie thätig erhebt ſie ſich auf den Flügeln des Morgens 10 , frey von der Laſt des
geſtrigen Mahles? Wie leicht verrichtet ſie alle
ihre Arbeiten? Wie willkommen iſt jede Muſe
dem Dichter? Zwar können wir zuweilen an
einem heiligen Tage, oder wenn wir müde ſind,

Anmerkungen.

9 Die Seele ſinkt zu Grunde, als wäre ſie —
ſterblich. Horaz war ein Epicurder, und lachte über
die Unſterblichkeit der Seele. Daher beſchreibt er die
Mattigkeit der Seele, welche von der Unmäßigkeit
herrühret, nach der Idee, und in den Ausdrücken
des Plato:

Affigit humo diuinae particulam aurae.

Hierauf gehet ſeine Spötterey. Unſer Poet hat mit
mehr Beſcheidenheit und Beurtheilung die Spötterey
von der Lehre, welche er glaubte, weggenommen,
und auf die Prieſter derſelben gekehret, deren Schmau-
ſereyen und Trinkgelage ihn nicht erbauten: und ſo
hat er der ungezwungnen Eleganz des Originals ungemein viel Luſtigkeit und Lebhaftigkeit gegeben.

10 Auf den Flügeln des Morgens. Weit glücklicher und edler, als das Original.

sind, Wahrheiten oder Reime zu suchen [11], das Maaß überschreiten. Der schwache Leib fodert mit Recht einige Pflege, noch mehr die Krankheit des langen Lebens, das betagte Alter; und welche Stärkung behält das ohnmächtige Alter, wenn unsre unmäßige Jugend alles verzehret?

Unsre Väter liebten das Wild, wenn es roch. Vielleicht glaubt die jüngere Welt, unsre Väter hatten keine Nase! Nein: ein Wildziemer war damals Speise für eine ganze Woche, und sie sparten es lieber für künftige Freunde, als daß sie es frisch allein aßen. Warum wurde ich nicht in dieser guten Zeit gebohren, ehe noch Phantasten und ihre Pasteten auf der Welt waren?

C 4

Anmerkungen.

11 Oder müde, Wahrheiten oder Reime zu suchen. Eine feine Spötterey über die Thorheit der menschlichen Wünsche; wo ohne Unterschied Bemühungen von der größten Kleinigkeit auf Sorgen von der höchsten Wichtigkeit des Lebens folgen.

Der ift unwürdig, die Stimme des Ruhms
zu hören, die füffefte Mufit eines tugendhaften Ohres, (denn wahrlich Lord Fanny hat
Unrecht; ein guter Ruf ift beffer, als ein Gedicht) der noch nicht weis, daß ein frifcher
Stör und eine Schinkenpaftete keine Belohnung
für Mangel und Schande find! Wenn die
Schwelgerey all dein Geld verfchlungen hat;
wenn du von deinen Nächften, deinen Gläu-
bigern, von dir felbft verflucht, ein Schandfleck
deiner Freunde, deines Glücks, der Menfchen
bift; fo denke, wie die Nachwelt mit deinem
Namen umgehen wird; und kauf einen Strick,
damit die Enkel fagen, du habeft zum wenig-
ften noch einen Pfennig wohl angewandt.

" Recht, ruft ein Lord; für einen Bettler
" ift es Vermeffenheit, einen Gefchmack haben
" zu wollen. An mir ift es edel, fchickt fich
" für meinen Stand und meine Geburt: mein
" Reichthum ift ungeheuer, und mein Vorrath
" zu groß. „ So laß denn Mildthätigkeit, wie
die Sonne, ihre Stralen ausbreiten, und die-
fen Ueberfluß wegfchmelzen. O! unverfchämter

Reichthum ¹² ! wie kannst du immer, bey allen
deinem Vorrath, einen einzigen würdigen Mann
in der Armuth lassen? Soll rings um dich
her die Hälfte der neuerbauten Kirchen einfal-
len? Lege Schifbrücken an, baue Brücken,
bessere White-Hall aus: oder leihe diesen Hau-

C 5

Anmerkungen.

¹² O unverschämter Reichthum! — Das

    Cur eget indignus quisquam, te de vite?

ist hier vortreflich paraphrasiret. Und es ist in diesen
Nachahmungen merkwürdig, daß unser Dichter, so
oft er sich an die Sentiments des Horaz hält, mehr
darinn seine Ehre suchet, die vortreflichsten Züge seines Originals zu übertreffen, als die Stellen zu verbessern und zu verschönern, welche nicht so schön sind.
Von diesem schönen Ehrgeiz tragen alle seine Schriften solche Zeichen, daß man daraus eine nachtheilige
Beschuldigung hernahm, als wenn sein vornehmstes
Talent darinn bestünde, schön zu copiren. Allein,
wenn je ein Genie in der Dichtkunst erfinderisch gewesen ist, so war es das Genie Popens. Aber
seine Einbildungskraft wurde durch seine Beurtheilungskraft so im Zaume gehalten, und seine Nachahmung bekam von seinem Genie so viel Leben, daß
dasjenige, was er verschönerte, dem gemeinen Auge
sichtbarer einleuchtete, als was er selbst erfand.

fen deinem Lande, wie M * *, doch nicht auf
fünf Procent [13].

Wer sich einbildet, Das Glück könne seinen
Sinn nicht ändern, macht sich einst zum schreck-

Anmerkungen.

[13] Wie M * * aber nicht auf fünf Procent.
Ich halte davor, daß dieser flüchtige satirische Zug
nicht am rechten Orte stehet; er schadet auch der Würde
de der vorhergehenden Moral. Horaz redet im Ernst,
und zwar sehr schicklich im Ernst, wenn er sagte:

Cur! Improbe! carae
Non aliquid patriae tanto emetiris aceruo.

Er erinnert sich der schwelgerischen Patricien seiner alten
ten Partey, und zielt mit gerechten Unwillen auf sie.
Diese, als sie sich beredet hatten, für die Sache der
Freyheit, unter der Anführung des Brutus einen
Fond auszumachen, wollten sich nicht bereden lassen,
ihrem kostbaren Vergnügen so viel zu entziehen, als
zur Unterstützung einer so großen Sache zureichend
war. Er hatte schon die Schutzrede für diese Freyheit
in der vorhergehenden Zeile angelegt, wo er dem Augustus
gustus ein feines Compliment macht:

Quare
Templa ruunt antiqua Deum?

Diesen indirecten Lobspruch hat der Nachahmer sehr
schicklich in einen angemessenen satirischen Zug verwandelt.
wandelt.

lichen Gespötte der Welt. Und wer stehet am
sichersten? Der, den ein schwülstiges Glück auf-
bläset und schwellet, oder der, so mit wenigen
gesegnet, in Zeiten des Friedens sich vorsichtig
mit Waffen wider den Krieg versiehet?

So sprach Bethel, ein Mann, der immer
sagt, was er denkt, und immer das denkt, was
er soll. Seine gleichmüthige Seele ist mein
Exempel; nachdem ich mich bilde, so gut ich
kann, eben so eifrig ihm nachzuahmen, als ich
ihn liebe. Ich, der im Jahre der Südsee ¹⁴,
als vermeynter Besitzer von Tausenden, nicht
glücklicher war, als itzt, da ich Steuern zah-
le; nicht glücklicher in einem Walde, den die
Hand des Vaters pflanzte, als itzt in fünf
Morgen gepachteter Länder. Hier begnüge ich
mich, zufrieden mit wenigen, das ganze Jahr

Anmerkungen.

14 In den Tagen der Südsee nicht glücklicher. Herr Pope hatte einen Fond in der Südsee-
handlung, den er nicht verkaufte. Er wurde auf 20
bis 30000 Pfund geschätzt, wenn er fiel.

hindurch mit Hammelfleiſch und Kräutern; doch
weiſe ich keinen alten Freund ab, (wenn er
auch arm iſt, oder kein Amt mehr bekleidet)
ſo oft er an meine Thüre klopft. Wenn gleich
keine Meerbütten meinen Tiſch verſchönern, ſo
hat er doch Gründlinge oder Bärſe, oder was
meine Themſe giebt. Dieſe Hammel, ſage ich
ihnen, kommen von Hounslow = Head, und
Banſted = Down; und dieſe junge Hüner habe
ich ſelbſt gezogen: jener alte Walnußbaum ſoll
zu den Trauben, die lange an meiner Wand
gehangen, und zu den Feigen, von meinen
Bäumen einen Regen herabſchütten: der Teufel müßte ſein Spiel haben, wenn ihr nicht
eſſen könntet. Dann ſollen die Geſundheiten
eurer Schönen herumgehen, und was ihr vielleicht nicht oft ſehet, ein Dichter ſoll am Tiſche bethen 15.

<hr>

Anmerkungen.

15 Und was noch ſeltner iſt, ein Poet ſoll —
bethen. Der Scherz in dieſer Zeile beſtehet darinn,
daß er einen Poeten, der ſeinen eignen Tiſch, oder
eine Empfindung von Dankbarkeit für den empfang-
nen Segen hat, für ſelten hält. Aber ſie enthält auch

Das Glück kann sich nicht sehr rühmen, mich gedemüthiget zu haben: zwar zahlte ich eine doppelte Taxe, doch wie wenig habe ich verlohren? Ehe noch stehende Armeen waren, lebte ich eben so vergnügt, als seitdem sie sind. Meine eigne Länder sind verkauft, das Haus meines Vaters ist dahin; was ist es mehr? Ich will ein fremdes miethen; wird nicht auch dieses mir und euch, meine Freunde, gehören? Seine Thüren sollen sich leicht öffnen; niemand wird ihnen zu früh kommen, niemand wird ihnen zu spät weggehen: (denn ich halte es mit der Regel des weisen Homer; bewillkomme den Kommenden, und halte den Gehenden nicht auf.) "Der Himmel, (ruft Schwift) erhalte "es viel Jahre! Ich wünsche, daß dieses Haus "ihr eignes sey. Schade! ohne einen Sohn, "oder eine Frau zu bauen: itzt werden Sie "es nur auf Lebenslang haben."

Anmerkungen.

noch einen sittsamen Tadel wider Leute von Stande, die eine so natürliche Pflicht auf eine so viehische und unanständige Art versäumen,

Wenn ich nur den Gebrauch habe [16], warum
sollte ich mich um den Namen des Herrn bekümmern, er heiße Pope oder Vernon? Was
ist Eigenthum? lieber Schwift! Sie sehen,
wie es abwechselt; von Ihnen auf mich, von

Anmerkungen.

[16] **Wenn der Gebrauch nur mein ist.** In
einem Briefe an diesen Herrn Bethel vom 20sten
Mårz 1743 sagt er: " Da meine Wirthin, Madam
"Vernon gestorben ist, so hat man mir diesen Gar-
"ten und dieses Haus zum Kauf angebothen; und
"ich glaube, sie werden (nebst den Hütten an bey-
"den Seiten meines Angers an der Themse) gegen
"tausend Pfund kosten. Wenn ich dåchte, daß irgend
"einer meiner besondern Freunde nach meinem Tode
"hier wohnen wollte, (denn so wie ich es itzt habe, ist
"es mir bequem genug, lebenslang darinn zu woh-
"nen) so wollte ich es kaufen; und noch eher, wenn
"ich zweyerley hoffen könnte, daß der Freund, dem
"es gefiele, so viel jünger und gesunder wåre, als
"ich, damit ich Hoffnung hätte, daß er es einige
"Jahre länger behalten würde, als ich es vermuthlich
"behalten werde. Aber die meisten von denen, die
"ich liebe, gehen schon aus der Welt, und nicht hin-
"ein; und wenn ich dieses nicht hoffen kann, so ha-
"be ich keine Eitelkeit und kein Vergnügen, welche
"nicht bey dem Grabe aufhörte. „ — Wir sehen
also, was einige seiner Freunde nicht glauben wollten,
daß seine Gedanken in Prose und Versen sich gleich
waren.

mir auf Peter Walter. Bald fällt es, verpfändet, dem Advokaten zu, bald verschwindet
es, in einem Leibgedinge vor dem Erben [17];
bald spricht die Kanzley, in zweifelhaften Fällen, aus bloßer Billigkeit sich auf zwanzig Jahr
eure Einkünfte zu; zum Besten fällt es auf
einen undankbaren Sohn, welcher frohlockend
ruft: "Mein Vater fährt zur Hölle, und ich
"habe alles." Gebüsche, worinn ein Bako
die Einsamkeit fand, werden das Erbtheil eines dummen Lords; und Hemsley, vormals
die Lust des stolzen Buckingham [18] fällt einem
Notar, oder neuem Ritter zu. Es mögen
demnach Länder und Häuser einen Herrn ha-

Anmerkungen.

[17] *Oder in einem Leibgedinge rc.* Der Ausdruck beschreibet die Verwunderung sehr wohl, worinn
sich ein Erbe befinden muß, wenn er siehet, daß er
durch eben das Instrument ausgeschlossen wird, wodurch ihm der Besitz gesichert werden sollte. Denn
Butler beschreibt ein Leibgedinge sehr witzig, als eine
Handlung, wodurch Aeltern "ihre Kinder zu Vasal-
"len machen, ehe sie gebohren sind."

[18] *Die Lust des stolzen Buckingham.* Villers,
Herzog von Buckingham.

ben [19], welchen sie wollen, wenn wir nur immer uns gleich, und immer unsre eigne Herren sind.

---

[19] Länder und Häuser. Die Wendung seiner Nachahmung in diesem Beschlusse nöthigte ihn, den Gedanken zu verändern. Beyde sind gleich edel: aber Horaz hat den seinigen stärker ausgedrückt.

Die

Die erste Epistel

an

L. Bollingbroke.

Gütiger Freund meiner vorigen Arbeiten,
der meine itzige zur Reife befördert, und
meiner letzten ihr Ziel setzen soll! warum wollen Sie, St. John, itzt, da ich gleich überdrüßig des Lobes und des Neides bin, den
Sabbath meiner Tage brechen [1]? Schon zu
Popens W. B. 5.   D

Anmerkungen.

[1] Den Sabbath meiner Tage? d. i. das 49ste
Jahr, und so alt war der Verfasser.

lange ſtand ich zur Schau; ach! laſſen Sie
mich mein Alter verſtecken! Auch der beſcheide-
ne Cibber hat itzt den Schauplaß verlaſſen:
unſre Generale begeben ſich itzt auf ihre Güter, und hängen ihre alten Trophäen an die
Gartenthore ², ſatt des Lobes im kühlen Abend
des Lebens, und nicht mehr begierig, ſelbſt für
Braunſchweig zu bluten ³.

Eine Stimme ziſchelt mir ins Ohr: (die
Stimme der Vernunft, die zuweilen laut genug rebet) "Lieber Pope, ſey klug; laß dei-
"ne Muſe Athem ſchöpfen; und jage den Pe-
"gaſus nicht zu Tode! Du wirſt ſonſt ſteif
"und ſtattlich, ohne Feuer und Kräfte daher

Anmerkungen.

² **Hängen ihre alte Trophäen an die Gartenthore.** Ein gelegentlicher ſatiriſcher Zug über ſchlecht
angebrachte Verzierungen. Er hat ſie deutlicher in
ſeiner Epiſtel über den Geſchmack ausgelacht. S.
den 3ten B. S. 312. N. 11.

³ **Selbſt für Braunſchweig.** In den vorigen
Ausgaben ſtand, für Britannien. Allein die Namen
ſind ſynonymiſch.

" stolpern, wie Blackmore auf dem Pferde ei=
" nes Lord Major 4. „

Lebt dann wohl, ihr Verse! du, Liebe, alle
ihr Spielwerke, ihre Reime und Klappern des
Mannes, oder des Knaben! Zu lernen, was wir
mit Grunde recht, was wir wahr, was wir
anständig nennen, diese Erndte aufzulegen, und
das in Eile zu sammlen, was alle Tage bedürfen, und am meisten der letzte, das sey
meine ganze Bemühung — denn das ist alles.

Aber fragen Sie nicht, zu welchen Lehrern
ich mich bekenne? Ich habe keinem Meister ge-
schworen, und erkenne keine eigne Sekte. Nach-

D 2

Anmerkungen.

4 Wie Blackmore auf dem Pferde eines Lord
Majors ꝛc. Der Ruhm dieses schwerfälligen Poeten, so problematisch er auch anderwärts war, wurde
in London überall für bekannt angenommen. Seine
Versification ist im Text ganz genau beschrieben, steif,
und nicht stark; prächtig und doch ohne Verstand, wie
das zahme und langsame Thier meistens zu seyn pflegt,
worauf der Lord Major reitet: deswegen ist es hier
spaßhaft dem Pegasus entgegengesetzt.

dem der Sturm wehet, klopf ich an jede Thür;
und kehre itzt beym Montagne, itzt beym Locke ⁵ ein. Zuweilen mische ich mich, als ein
Patriot, thätig in Berathschlagungen, unter die
Welt, und fechte für den Staat; und verthei-
dige frei, wie der junge Lyttelton, seine
Sache, treu für die Tugend, und eben so eifrig, als treu ⁶: Zuweilen überlasse ich mich

---

Anmerkungen.

⁵ **Bald bey dem Montagne, bald bey dem
Locke ein.** D. i. Wähle entweder ein thätiges oder
ein betrachtendes Leben, so wie sichs zu Zeit und
Umständen schicket. — Denn er sah diese Schriftsteller für die besten Schulen an, einen Menschen
für die Welt zu bilden; oder ihm eine Erkenntniß
seiner selbst beyzubringen: Montagne ist vortreflich
in seinen Betrachtungen über das gesellschaftliche und
bürgerliche Leben: und Locke ist vortreflich in Entwickelung der Kräfte, und Erklärung der Operationen
menschlichen Verstandes.

⁶ **Immer der Tugend getreu — mit dem Aristip oder St. Paul.** Der Dichter wollte uns in
dieser Stelle ein Gemälde von seiner eignen Seele geben: nicht aber von der Seele Horazens, der uns
sagt, er halte es oft mit dem Zeno, und oft mit
dem Aristip; deren zu weit getriebene Systeme Tullius mit Recht tadelt: " Ut quonam *Aristippus*,
" quasi animum nullum habeamus, corpus solum
" tuetur; *Zeno*, quasi corporis simus expertes, ani-
" mum solum complectitur. „ Aber weder die Wahr-

mit dem Aristippus, oder St. Paulus 7, meiner Aufrichtigkeit, und richte mich nach allen;

D 3

Anmerkungen.

heit, noch der Wohlstand würden erlaubt haben, daß
unser Dichter sagen können, er bequeme sich, um sich
nach den Zeiten zu richten, zu einer oder der andern
von diesen Thorheiten.   Um uns demnach zu zeigen,
daß er von den Stoikern nichts weiter annahm, als
ihre Aufrichtigkeit und ihren Eifer für den Vortheil
der Tugend, so vergleicht er sich mit einem Freunde,
bey dem er diesen Eifer bemerkte. Und wenn er den
St. Paul dem Aristip an die Seite setzt, so will
er zu verstehen geben, daß er von der cyrenaischen
Secte nichts mehr annahm, als eine liebreiche Bequemung nach den Umständen zum Besten seines Nächsten. Auf diese Weise, da er sich seines Freundes
bedienet, die Rauhigkeit einer philosophischen Secte
zu mäßigen, indem der Apostel sich bemühet, die Un-
gebundenheit der andern zu verbessern, bringt er den
Herrn Lyttelton und St. Paul als Freunde zusammen: denn diejenigen, welche entgegengesetzte
Fehler verbessern, müssen gewiß in der Hauptsache
einig seyn: und wir sehen den Patrioten in einem
andern Augenpunkte; welcher in einer tugendhaften
Bequemung seiner selbst nach Zeit und Umständen besiehet.

7 **Folge meiner Aufrichtigkeit.**   Eine tugendhafte und nützliche Lehre, daß die Widersetzung, die
Parteyen im Staate mögen ihre Absichten nach noch
so wahren Grundsätzen, und in noch so guter Meynung ausführen, doch die allerbedachtsamsten Anfüh-

lehre dann unvermerkt zu meiner natürlichen Mäßigung zurück, und rücke weiter fort, indem ich dem Strom weiche.

So langsam dem, der für Schulden arbeitet, der Tag; so langsam dem, dessen Geliebte entfernt ist, die Nacht; so langsam dem feurigen Minderjährigen, dessen Herz voll Ungeduld nach dem ein und zwanzigsten Jahr klopft, der verhaßte Zirkel des Jahres fortschreitet; so langsam gehen mir die ungenützten Augenblicke hin, welche alle Verrichtungen meiner Seele verhindern, mich außer mir selbst be-

Anmerkungen.

rer in Gefahr setze, die Aufrichtigkeit und Mäßigung zu kränken. Doch wollte er durch den Ausdruck, seiner Aufrichtigkeit folgen, zugleich zu verstehen geben, daß er, wenn er ihr das geringste einräumte, doch niemals die Wahrheit beleidigte; und durch die schnelle Wiederkehr zu seiner angebohrnen Mäßigung wollte er sagen, daß er sich immer in den Schranken der Vernunft halte. — Aber der Verstand dieser Stelle überhaupt ist, wenn er es mit den Stoikern hielte, welche ein Leben für das Publicum anrathen, so wäre der Charakter seiner bürgerlichen Tugend strenge; wenn er der Meynung der Cyrenaiker wäre, die ein Privatleben lieben, so sey der Charakter seines gesellschaftlichen Lebens gütig.

schäftigen, und das dringende Geschäfte des
Lebens auf einen folgenden Tag verschieben:
ein Geschäft, durch dessen Versäumung der Aelte-
ste ein Thor, und durch dessen Verrichtung der
Jüngste ein Weiser wird: das den Aermsten,
der es besorgt, außer Mangel setzt, und den Reich-
sten zum Bettler macht, der es vergißt.

So alt ich auch bin, fange ich dennoch an,
zu lernen, und empfinde einigen Trost
in dem Bewußtseyn, daß ich kein Thor bin.
So wenig ich bey schwachen Gliedern und
blöden Augen das Gesicht eines Luchses, oder
die Stärke eines Riesen besitze, will ich doch
dem Rathe 8 des Mead und Cheselden folgen,

D 4

Anmerkungen.

8 Ich will dem Rath des Mead 2c. Herr Pope schätzte und liebte diesen Mann gar sehr, dessen
ungezwungene Menschenliebe und Güte vieles von dem
Neide erstickten, den dieser in seiner Profession vortrefliche Mann sich sonst würde zugezogen haben.
Wenn er von dem, was er diesem großen Arzt und
andern von dieser Facultät zu danken hatte, ungefähr
einen Monat vor seinem Tode, in einem Brief an
den Herrn Allen redet, so sagt er: " Die Facultät
" begegnet mir über alle Maaßen gütig. Sie sind

und dieſe Glieder und dieſe Augen zu erhalten ſuchen.   Nicht zurückgehen, heißt etwas
weiter kommen, und erſt muß man wenigſtens
gehen, ehe man tanzen will.

Empöret ſich dein Blut, beweget ſich dein
Herz von dem unglücklichen Geiz, oder von der
eben ſo unglücklichen Liebe! ſo giebt es Worte
und Zauberſylben, welche dieſes Fieber der
Seele mitten unter ſeinen Anfällen ſchwächen [9] :
es giebt Verſe, welche immer friſch gebraucht,
den ärgſten Prahler von ſeinem Stolz heilen.
Sey jachzornig, neidiſch, träge, toll oder ein
Säufer; ſey ein Sklave einer Frau, oder ein

Anmerkungen.

" alle mit einander die liebenswürdigſten Geſellſchaf-
" ter, die beſten Freunde und die gelehrteſten Män-
" ner, die ich kenne. „

9 **Mitten unter den Anfällen — Der Verſtand des**

Magnam morbi deponere partem.

iſt hier ſehr glücklich ausgedrückt. Und

Ter pure lecto etc.

in der folgenden Zeile eben ſo glücklich verändert.
Aber die ganze Stelle, welche den Nutzen und die
Wirkſamkeit der Satire beſchreibet, iſt vortreflich
nachgeahmet.

Client einer Hure , grob, wie ein Schweizer oder Holländer ; wir verlangen nichts weiter, um dich zu heilen , als ein geduldiges Ohr.

Die Laster verabscheuen , ist der Anfang zur Tugend ; und kein Thor mehr seyn, ist der Anfang zur Weisheit. Aber in den Augen der Welt ist kein Gespenst so scheuslich , als der Mangel an Ansehen und ein kleines Vermögen. Wie erschrocken fliehete der Kaufmann vor dem Scheusal der blassen Armuth nach beyden Indien [10]? Wie wenig achtet er die Beschwerden des Körpers, und die Angst der Seele, die Hitze der heißen, und die Kälte der kalten Zone! Wolltest du für einen bessern Zweck

D 5

Anmerkungen.

[10]. Erschrocken vor dem Scheusale der blassen Armuth ! Ob dieses gleich alle Lebhaftigkeit des Originals hat, so hat es doch nicht alle Bilder desselben: Horaz läßt die Armuth den Geizhals verfolgen, und ihm auf dem Fuße nachgehen:

Per mare Pauperiem fugiens , per saxa , per ignes.

Aber das folgende: "Willst du nichts thun 2c. „? übertrift das Original sehr.

nichts thun? Nichts, um die Weltweißheit dir
zur Freundin zu machen? Nichts, um deine
thörichten Hoffnungen, deine langen Begierden
einzuschränken, und dein Herz von allen dem
zu entladen, was es bewundert?

Auf der einen Seite ruft die Weißheit [11]:
"Suche vor allen die Tugend! Was Gold ge-
"gen Silber ist, das ist Tugend gegen Gold [12],,.

Anmerkungen.

[11] *Auf einer Seite ruft die Weisheit.* Diese
Zeilen, bis an die Zeile *wenn solch eine Lehre rc.*
sind eine ziemlich genaue Uebersetzung: aber sie hat
überhaupt so viel Geist, daß das Original, ob es gleich
eine von den vollkommensten Stellen des Horaz ist,
nur aussiehet, als wenn es eine Nachahmung derselben wäre.

[12] *Wie sich Gold zu Silber verhält, so verhält sich Tugend zum Golde.* Dieses ist vielleicht
die fehlerhafteste Stelle in der ganzen Sammlung.
das Original heißt:

Vilius est auro argentum, virtutibus aurum.

Welches nur sagt, wie Silber geringer am Werthe ist,
als Gold, so sey Gold geringer am Werthe als Tugend; worinn der bloße geringere *Werth*, nicht
aber das Verhältniß desselben lieget. Denn es war
der Absicht des Verfassers eben so sehr, als der gesunden Vernunft entgegen, anzunehmen, die Tugend sey
nur gerade so viel besser, als Gold, wie Gold besser

Auf der andern ruft London: "Erwirb Geld!
" Geld! die Tugend mag nachher kommen,
" wenn sie will. Das ¹³, das ist die heil-
" same Lehre von der niedrigen St. James,
" bis zur hohen St. Pauls; diese hören alle,
" von dem an, dem die Federn wie im Köcher

Anmerkungen.

sey, als Silber. Doch ist Herr Pope, aus gar zu
großer Beobachtung seines beständigen Augenmerks,
der Kürze, ehe er es vermuthete, auf diese ungereimte Meynung gefallen. Doch würde er diese und viele
andre Unrichtigkeiten in seinen Werken verbessert haben, wenn er länger gelebt hätte; so wie er manche, die
in dieser Ausgabe zum erstenmale gedruckt sind, kurz
vor seinem Tode wirklich verbessert hat.

Und hier muß ich einer von seinen vielen guten
Eigenschaften, einer sehr seltenen Eigenschaft, die nur
ein wahrhaftig großes Genie ausüben kann, Gerechtigkeit wiederfahren lassen: ich meyne seine ungemeine
Bereitwilligkeit, und die ungeheuchelte Freude, seine
Fehler zu erkennen: diese besaß er, nebst einer Ungeduld, sie zu verbessern, in größrer Maaße und mit
weniger Verstellung, als irgend jemand, den ich kenne.

¹³ Von der niedrigen St. James, bis zur
hohen St. Pauls. D. i. Dieses ist eine Lehre,
worinn Whigs und Torries einig sind.

" hinterm Ohre stecken, bis zu dem, der zu
" Westminster Kerben schneidet 14. „

Barnard ist der geistreichste, verständigste
und ehrlichste Mann: "Was könnte ihm in der

Anmerkungen.

14 Von dem an, der seine Feder wie ein Köcher, hinterm Ohr ꝛc. Im Original stehet: *Stand
quiver'd:* wer die Feinheit dieser Satire nicht fasset,
der möchte vielleicht die Figur des *standing quiver'd*,
(wie im Köcher — steckt) für sehr hart und gedrech-
selt halten; aber sie hat eine ausnehmende Schönheit,
und will sagen, die Feder eines Schreibers sey so bereit, als die Spiele eines Stachelschweins, und so
verderblich, als die Pfeile eines Parthers. — *Quiver'd at his ear,* welches die Stellung beschreibt,
worinn sie gemeiniglich gefunden wird, zielet auf die
Gewohnheit der amerikanischen Canibalen, welche sich
ihres Haares bedienen, (das sie auf ihrem Kopfe
in einen Knoten zusammen binden,) um ihre vergif-
tete Pfeile, wie im Köcher, darinn zu tragen.

Kerben schneidet. Kerbhölzer, die bey der Schatzkammer gebräuchlich sind.

" In dem Tally - Court, (Kerbholzgemach) welches
" mit dem Court of Exchequer verbunden ist, wer-
" den, so oft die Zahlmeister Gelder einnehmen, Kerb-
" hölzer gemacht, und den Zahlenden für Quittungen
" gegeben. S. den geist-und weltlichen Staat von
" Großbritannien. Seite 1044. „ Uebers.

" Welt noch fehlen [15]? „ Vierzig tausend Pfund; ein Gehalt, oder solch ein Geschirr zum Sklaven wie Bug itzt hat, und Dorimant gern haben möchte. Barnard, mit allen deinen Verdiensten bist du nur ein Bürger; aber Bug und D*l sind gnädige Herren.

Aber jedes Kind singt ein andres Lied: "Die " Tugend, ihr guten Knaben! die Tugend " macht den König. „ Ja gewiß, wahre Ehre bestehet darinn, daß man sich keiner Sünde bewußt sey. Der ist äußerlich bewaffnet, der innerlich unschuldig ist. Diese Unschuld sey

---

Anmerkungen.

[15] **Barnard hat Geist, Verstand und Wahrhaftigkeit.** Sir John Barnard. Der Poet wollte sagen, dieser große Mann (der seinem Vaterlande so viel Ehre macht) hatte ein schönes Genie, welches durch einen ächten Verstand verbessert und in Uebung gesetzt würde; und beyde stünden unter der Leitung einer Ehrlichkeit, welche über alle Versuchungen des Eigennutzes der Ehren, oder andrer schlechterer Leidenschaften, erhaben sey. Viele Vorfälle haben, seit der Zeit, da er seiner Tugend diesen Tribut entrichtete, gezeigt, wie sehr er, und wie besonders er ihn verdiente.

dein Schutz und deine eherne Mauer ¹⁶; was
ist gegen diese der Titel eines Ministers?

Und wem sollen wir beystimmen ¹⁷? Diesem
neuen Hofgeschwätz, oder dem guten alten Liebe? Der neuen Sprache verderbter Pairs,
oder der, die zu Cressy und Poitiers gespro-
chen wurde? Wer räth uns am besten, der,
der uns ins Ohr sagt, "such nur groß zu wer-
" den; ob mit Ehre oder Schande, das über-
" laß dem Schicksale. Suche Amt und Reich-

Anmerkungen.

¹⁶ Das sey dein Schutz, sey deine eherne
Brustwehr:

    Hic murus aheneus esto.

Dacier lacht über einen guten Kunstrichter, der sich
ärgerte, daß die alten Scholiasten nicht erklärt hätten,
was Horaz unter einer ehernen Mauer verstand:
denn, sagt Dacier: "Chacun se fait des difficultés
" à sa mode, et demande des remarques proportion-
" nées à son goût: „ Hierauf fängt er selbst an, diese
wichtige Sache zu untersuchen; und entdeckt zum Glück
aus einer Stelle im Vegetius, daß sie einen alten
Veteran bedeute, der vom Kopf zu Fuß mit eherner
Rüstung bekleidet und hingestellt sey um seinen Mit-
soldaten zu decken.

¹⁷ Und sage. Diese Zeilen sind weit schöner, als
alles, was im Original stehet.

„thum, wenn du kannst, durch anständige
„Mittel; kannst du nicht, so suche ein Amt
„und Reichthum, durch alle Mittel in der
„Welt.„ Wozu? Um da, wo Verschnittne
singen, eine Loge zu haben, und in der ersten
Reihe der Versammlung einen König zu sehen!
Oder räth der am besten, der dich mit stand-
haften Blicken das stolze Glück ansehen, die
seichte Größe durchschauen heißet, und von dem,
was er dir heißet, zugleich ein Beyspiel giebt?
Sollte sich über diese Lehre der geschmückte
Pöbel in der Luft zu St. James wundern;
sollte der ehrliche S * tz sich über den Mann
ärgern, der lieber den Park, als den Pallaß
besuchet; so würde ich ihm mit dem Fuchs
antworten: „Gestrenger Herr, ich traue dei-
„ner königlichen Höhle nicht; denn alle Fuß-
„tritte außerhalb beweisen, daß manches Thier
„hineingehet ¹⁸, und kein einziges heraus

Anmerkungen.

18 Viele Thiere hineingiengen, und kein einziges herauskömmt. Dieser Ausdruck ist zum Scherz
gebraucht; allein er schadet seiner Moral; welche
diese ist, sie kämen als Thiere heraus. Hier sollte er bey den Worten des Originals geblieben seyn,
vestigia omnia te aduersum spectantia.

"kömmt.„ Gehab dich wohl, o! Tugend [19],
wenn wir einmal Sklaven sind! Wer sie an
den Hof schickt, schickt sie zu Grabe.

Wenn aber der König ein Löwe ist, so ist
das Volk wenigstens ein vielköpfiges Thier.
Können die andern lehren, was sie thun sollen, die so wenig wissen, was sie selbst zu thun
haben? Ju nichts gleich [20], als in einer
Sucht

Anmerkungen.

[19] **Lebe wohl Tugend.** Diese Zeilen sind wegen
der Anwendung der Moral der Fabel hinzugesetzt,
welche keiner Erklärung bedurfte. Sie schwächen die
Anmuth derselben, und sind, das beste zu sagen,
nicht so schön, als das Original ist. Denn Horaz redet von dem gemeinen Volk, *Populus Romanus*, an
welches eine von den Fabeln Aesops schicklich gerichtet
wurde: aber dieses ist eine gar zu einfältige Weise,
dem wohl gekleideten Pöbel von St. James die
Wahrheit zu sagen.

[20] **In nichts gleich, als in der Sucht nach**
Gold; gerade die eine Hälfte wünschet zu kaufen, und die andre sich zu verkaufen. Hier leidet die Hauptsache der Satire wegen etwas. Die
Ursache, warum man dem Volk nicht folgen soll, ist,
weil es
Bellua multorum eſt capitum, nam quid ſoquar, aut
     quem?

Sucht nach Geld, will die eine Hälfte laufen,
die andre verkauft seyn. Unsre mächtigen Filze erschöpfen ²¹ den Reichthum ihres Landes,
Popens W. B. 5.   E

Anmerkungen.

Sie sind so verschieden in ihren Absichten, sagt Horaz, daß man dem einen nicht folgen kann, ohne von
dem andern getadelt zu werden. Der Nachahmer sagt,
sie gehen alle nach einem gemeinschaftlichen Grundsatze, der Sucht nach Gold. Diese Unrichtigkeit,
wovon zwar auch Horaz etwas hat, hat er jedoch
künstlich versteckt, indem er von den mannichfaltigen
Gegenständen dieser einzigen Leidenschaft, dem Geiz,
als von so vielen verschiedenen Leidenschaften redet.

Pars hominum gestit conducere publica ; sunt qui etc.
Crustis et pomis
Multis occulto etc.

Aber sein Nachahmer hat sie, ohne es zu merken,
durch den Zusatz der beyden gedachten Zeilen im Ein-
gange, in eins gezogen, "in nichts gleich ꝛc."

²¹ Unsre großen Filze saugen den Reichthum
des Vaterlandes aus. Diejenigen, welche sich damit befassen, dem Publico auf die Fonds Darlehne
zu geben. Man hat sie zwar meistens beschul-
diget, daß sie ein Gewerbe des Wuchers daraus
machten. Aber in so verderbter Zeit kann man den
Fehler nicht immer dem Ministerio zuschreiben: weil
man befunden hat, daß die klügsten und tugendhaftesten Bürger dieser oder einer andern Zeit, mit allen
erforderlichen Talenten, und unterstützt mit allen dem,

ober gehen über See, um Provinzen zu plün-
dern. Die übrigen pachten zum Theil die Arm-
büchsen, zum Theil die Kirchenstühle; einige halten Gesellschaften, und hielten gern Badstuben; einige schmeicheln mit fetten Kaninchen kindischen
Greisen, andre gewinnen durch ihre Schinken reiche Wittwen; und hundert andre leben in Schmutz
und Dunkelheit unter dem stillen Wachsthum von
zehn Procent, vergnügt im Gestanke.

Wenn unter allen diesen Absichten jeder seine
eigne verfolgt, so schone seiner Satire, und
laß dem Elenden seinen Willen. Aber zeige mir
Einen, der so viel Gewalt über sich hat, nur
eine Stunde lang mit sich selbst verträglich zu
handeln? Der Abend war schön und still, und
Sir Job segelte ab: "Kein Platz auf der
"Welt, rief er, ist schöner, als Grenwich-Hill!"
Gleich steigt ein Pallast auf; der gehorsame
Boden neigt sich zu seinem Fuße, die Wäl-

Anmerkungen.

was eine redlich gesinnte Regierung ihnen geben
konnte, wie man sagt, nicht im Stande waren, dieses alt gewordene Geheimniß der Ungerechtigkeit ab-
zuschaffen.

der umfangen feine Seiten, die filberne Themfe
wird der Spiegel feiner marmornen Faffe.
Aber kaum erregt eine Grille ²², oder der bö-
fe Geift, welcher alle die befitzet und leitet,
die nicht wiffen, was fie wollen, den Ritter
oder feine Frau, den Spleen; fo ruft er:
" Herunter, herunter mit dem Gerüfte! Mein
" Kind, wir wollen in der Stadt wohnen.„

Hat der verliebte Flavio feine Braut erhalten, fo wünfcht er fchon in der erften Nacht
allein zu fchlafen. Der Narr, dem feine Frau
alle Monate einmal wegläuft, ftirbt als ein
Märtyrer für die Freuden der Ehe. Hat fich
je Proteus, Merlin, oder irgend ein Zauberer

E 2

Anmerkungen.

²² Kaum erregt eine Grille, oder der zc. Diefes ift fehr witzig, aber weit unter der Eleganz des
Originals:

    Cui fi vitiofa Libido
  Fecerit aufpicium.

Welches, in feiner Anfpielung auf die Religions-Ge-
bräuche der damaligen Zeit, kein heutiger Nachahmer
erreichen kann.

in seltsamere Gestalten verwandelt , als der
Reiche? Und der Arme? — Er ist eben so
thöricht: alle Wochen verändert er seinen Barbier, alle Wochen seine Zeitung ²³ ; nimmt
immer einen neuen Schuster, beziehet immer
eine andre Kammer: verändert den Ort seines
Bettes, und fährt in seiner Cariole, er weis
nicht, wohin, miethet seinen Kahn, und kaum
ist er am Bord, so ist er schon müde, und
verflucht die Luft — gerade wie ein Lord.

Sie lachen, wenn ich halb wie ein Stutzer,
halb lüderlich gekleidet gehe; wenn meine Perücke dick gepudert, und mein Halstuch dick
mit Schnupftoback bestreuet ist. Sie lachen,
wenn Weste und Hosen, wenn weiße Hand-
schuhe und eine Leinwand, so schmutzig, wie
Lady Mary sie tragen könnte, so seltsam ab-

Anmerkungen.

²³ **Er verändert alle Wochen seinen Barbier.**
Diese Zeilen sind weit witziger, als das Original.
Horaz satirisirt über die Unbeständigkeit des Volks
bloß in einer einfältigen Vorstellung der Sache. Hier
wird das Gespötte über die Thorheit durch ein lustiges
Gemälde der mannichfaltigen Gegenstände derselben
vergrößert.

ſtechen. Aber wenn der feine Aermel eines Biſchofs mit ſeinem groben Futter weniger zuſammen ſtimmt, als meine Seele mit ſich ſelbſt;
wenn ich in ewigem Streite meiner erſten Gedanken mit den nächſtfolgenden, in einer be-
ſtändigen Abwechſelung von Thorheiten, die
mein ganzes Leben ausmachen, pflanze und
ausrotte, baue und niederreiſſe, das Runde
viereckt, und das Viereckte wieder rund mache;
ſo regt ſich keine Muskel in ihrem Geſichte;
Sie halten dieſe Thorheit für eine allgemeine,
und erbitten mir weder von der Kanzley einen
Vormund, noch vom Hale Arzney; doch zür-
nen Sie, wenn Sie in meiner Kleidung eine
Kleinigkeit verkehrt finden, unbekümmert, wie
ſchlecht ich mit mir ſelbſt übereinſtimme, gütig
gegen meine Kleidung und meinen Aufzug,
nicht gegen mich! Iſt dieſes mein Führer, Philoſoph und Freund? Iſt dieſes der Mann, der
mich liebet, und mich beſſert; der aus mir
(denn er kann es, oder kein Menſch auf der
Welt) den göttlichen Mann machen ſollte, den
die Weisheit den ihrigen nennet; der groß ohne Titel, glücklich ohne Reichthum, reich ſelbſt

alsdenn, wenn er geplündert ist [24]; geliebt
ohne jung zu seyn, und geliebkoset ohne Macht
zu besitzen, in seiner Heimath, ob gleich verbannt und frey ist, wenn er auch im Gefängniß wäre; kurz, das vernünftige, hohe, un-
sterbliche Geschöpf, das eben weniger, als
Jupiter, weit größer, als ein König, ja halb
im Himmel ist. — Zum Unglück nur dann
nicht, (verdrüßliche Ausnahme!) wenn ein An-
fall von Dünsten diesen Halbgott umwölket?

Anmerkungen.

[24] Wenn er geplündert ist. D. i. Von dem
Publico; welches selten seine Rache an seinen Räubern
siehet, und wenn es sie siehet, sie noch seltener zu gebrauchen weis.

Sechste Epistel

an den Herrn Murray.

"Nichts bewundern ist die ganze Kunst,
"die ich weis, den Menschen glücklich
"zu machen und zu erhalten." (Die nackte
Wahrheit, lieber Murray [1], bedarf keiner

E 4

Anmerkungen.

[1] **Lieber Murray.** Dieses Stück ist unter allen
seinen Nachahmungen am meisten ausgearbeitet, und
auf die vorzüglichste Art ausgeführet, welche die italiänischen Maler *con amore* nennen. Sie verstehen unter diesem Ausdruck die Ausübung desjenigen Grund-

Blumen der Redekunst: ich sage sie also in den
Worten des Creech) 2.

Es sind Leute, deren philosophische Augen
dieses Gewölbe der Luft, diesen zusammenge-
ordneten Ball, diese um ihren eignen Mittel-
punkt sich drehende Sonne, und die Sternen,
die auf- und untergehen 3, betrachten, dem Re-
genten seine Himmel anvertrauen, ihm die

Anmerkungen.

satzes, der alle Kräfte anstrenget, und den höchsten
Grad der Vortreflichkeit erreichet. Denn der Dichter hatte für den großen Rechtsgelehrten, an den dieser Brief gerichtet ist, die stärkste Liebe; und in der
That verdiente kein Mensch mehr, als er, einen Dichter zum Freunde zu haben. Wie er sich denselben
weder aus Eitelkeit, Parteylichkeit, noch Furcht erworben hatte; so erhielt er sich auch in dem Rechte
an demselben durch alle Dienste einer treuen Freundschaft.

2 Creech. Aus dessen Uebersetzung Horazens die
beyden ersten Zeilen genommen sind.

3 Sterne die auf- und untergehen. Das Original lautet:

Decedentia certis
Tempora momentis.

Stunde, den Tag, das Jahr überlassen [4], und dieses ganze furchtbare All ohne alle Furcht ansehen [5].

E 5

Anmerkungen.

Welche Worte einfältig und buchstäblich bedeuten, die Veränderung der Jahrzeiten. Da aber diese Veränderung als ein Gegenstand der Bewunderung betrachtet wird, so hat der Nachahmer sie mit Einsicht in den erhabenern figürlichen Worten, Sterne, die auf- und untergehen, durch deren Lauf die Jahrzeiten bezeichnet und unterschieden werden, ausgedrückt.

[4] Ueberläßt dem Beherrscher seinen Himmel, und übergiebt ihm die Stunde rc. Unser Verfasser hat sich durchaus in diesen Nachahmungen bemühet, die freyen Sittenlehren, und die ungereimte Theologie seines Originals zu verbessern.

[5] Und dieses furchtbare All ohne alle Furcht ansehen. Er setzte diesen Begriff zu seinem Text hinzu; und er erhebet die Würde des ganzen Gedankens gar sehr. Er nennt es ein majestätisches All (*dreadful All*) weil die Unermeßlichkeit der Schöpfung Gottes, welche die neuere Philosophie so sehr erweitert hat, eingeschränkte Seelen, welche den göttlichen Verstand nach dem ihrigen messen, auf den schrecklichen Verdacht bringen könnte, daß ein Beherrscher, der mit größern Dingen beschäftiget sey, den Menschen in diesem finstern und engern Winkel des Daseyns übersehen hätte.

Bewundern wir denn das, was die tiefen
Eingeweide der Erde enthalten, was Arabiens
Ufer, oder die indische Meere fassen; den gan,
zen rasenden Handel der Thoren, und Sklaven
des Goldes? Oder die Liebe des Volks? Oder
Sterne und Bänder? Das Lob des Pöbels,
oder die Geschenke der Könige? Mit welchen
Augen müssen wir die Höfe ansehen; mit wel,
cher hohen Bewundrung dem Großen huldigen?

Ist das Vergnügen, was aus diesen ent,
springen kann, schwach, so ist die Furcht, sie
nicht zu haben, eben so schwach? Wir mögen
fürchten, wir mögen verlangen, in beyden Fäl,
len bewundern wir ⁶; wir mögen uns freuen
oder uns betrüben ⁷, die Quaal ist immer

Anmerkungen.

⁶ In beyden Fällen bewundern wir. D. i.
Diese Gegenstände wirken in beyden Fällen auf uns,
wie unbekannte Gegenstände auf die Seele wirken,
und verführen uns folglich zu falschen Urtheilen.

⁷ Wir mögen uns freuen oder betrüben ꝛc.
Die Eleganz dieser Stelle ist schöner als im Original.
Die Quaal ist gleich groß, sagt er, wir mögen

gleich; ob wir über ein beſſers oder ein ſchlim=
mers Schickſal beſtürzt ſind. Beydes das Gu=
te und das Böſe verrückt die Seele aus ihrem
Gleichgewichte, auf dieſe oder jene Seite, und
reißet uns völlig hin. Selbſt für die Tugend
kann unſer Eifer zu groß ſeyn; der ärgſte un=
ter den Raſenden iſt der, der vor Heiligkeit
raſet 8. Gehet demnach, und bewundert,
wenn ihr könnt, die Pracht funkelnder Deman=
ten; bewundert im Spiegel euer Silberge=

Anmerkungen.

fröhlich oder traurig ſeyn. Warum das? Weil
der Menſch in beyden Fällen erſtaunt, fortgeriſſen
und gefangen genommen wird: Das Gute oder das
Böſe bringt die Seele aus ihrem Gleichgewicht auf
dieſe oder jene Seite zu weit, und reißet den Men=
ſchen hin. Dieſer glückliche Vorzug in der Nach=
ahmung entſtehet aus der Zweydeutigkeit des Wortes
ſurprize: (im Grundtext; die Ueberſetzung kann ſie
daher nicht erreichen.)

8 Der ärgſte unter den Raſenden iſt der ꝛc.
Denn wenn die Menſchen von ihren Leidenſchaften
fortgeriſſen werden, wie denn alle Raſende, ſo muß
nothwendig der, welcher die Sache Gottes zu ſei=
ner eignen macht, das meiſte Unheil anrichten, weil
dieſe Vereinigung ihm in der Ausführung ſeiner Aus=
ſchweifungen einen neuen Eifer giebt.

schirr [9]; kaufet euch einen Geschmack [10],
um die Verwundrung zu vergrößern, und be-

Anmerkungen.

[9] *Bewundert im Spiegel nur rc.* Dieser Ausdruck enthält einen feinen satirischen Zug; er giebt zu
verstehen, daß der verliebte Besitzer, der sich seiner
Leidenschaft halb schämet, sein Silbergeschirr von der
Seite in dem reflectirenden Spiegel besiehet, der gerade gegen seinen Schenktisch über hänget; welchen
Gedanken er an einer andern Stelle ausdrückt, " die zu-
" rück geworfene Pracht des vergüldeten Schenktisches.„

[10] *Sich einen Geschmack kaufen, um die Verwunderung zu vergrößern.* Dieses ist einer von
den vorzüglichen Zügen, welche ein vollkommnes Werk
veredeln. Er redet hier vom falschen Geschmack,
wie aus seinen Vorschriften erhellet, wie man ihn erhalten, und wenn man ihn hat, wie man ihn gebrauchen soll. Einen Geschmack zulegen (*Procure a
Taste*) sagt er. Das ist, von den Virtuosen; deren
Wissenschaft ihr kaufen müßt: Denn *wahrer Geschmack*, der sich von der Natur herschreibet, kömmt
von sich selbst. Und wie müßt ihr ihn brauchen?
Nicht, um euch von dem Gift des Lebens, der Bewunderung, zu befreyen, sondern sie zu vermehren
und anzufeuren, indem ihr eure Bestürzung (sur-
prize) noch eins so groß macht. Und das thut
ein falscher Geschmack immer; denn niemand ist
den Entzückungen so sehr ergeben, als die Aftervir-
tuosen: der Mann hingegen, der wahren Geschmack besitzt, findet nur wenige Sachen, die er lobet; und diese lobet er mit Mäßigung.

trachtet mit gelehrten Augen die Schönheit des
parischen Marmors; bewundert glänzenden Bro-
cat, oder den tyrischen Purpur, die prächtige
Liverey unsers Adels an Gallatagen. Ist das
nicht nach eurem Geschmack, so sucht die Freude im königlichen Rath, wenn ihr das Urtheil
der Hörer von eurer Zunge abhängen seht.
Redet oft von Morgen bis in die Nacht im
Parlament, oder in Gerichten; leset noch öfter,
als ihr redet, esset spät, oder esset gar nicht.
Wozu aber alle diese Arbeit, alle diese Ueber-
windung? Um Ruhm, um Reichthümer, um
eine Frau von Adel zu gewinnen? Soll der,
den mit vereinigter Bemühung, Natur, Gelehrsamkeit und Geburt bildeten, nicht zu bewundern, sondern bewundert zu werden, soll
der seufzen, wenn seine Chloe, blind gegen Verstand und Verdienste, sich mit der reichen
Dummheit eines Namenlosen vermählet? Die
Zeit erhebt, oder setzt den Adel eines Stam-
mes herab [11]: Sie adelt das Geschlecht des

Anmerkungen.

[11] Die Zeit erhebet, oder setzt den Adel eines Stamms herab. Eines von den edelsten Häusern in Europa — Im Original stehet:

Craggs, und kann den Stamm der **Murrays**
verdunkeln; und was ist der Ruhm? Die Geringsten haben ihren Schimmer; die Größten
können nichts mehr als glänzen und vergehen.
Mit aller Macht ihrer Beredsamkeit, so bekannt,
so geehrt, im Hause der Lords, diesem herrli-
chen Schauplatze, Sie sind, o **Murray**! stehen Sie doch schon einer andern Bühne nahe,
wo Könige und Dichter schlafen, wo **Murray**
lange genug die Ehre seines Landes eben so
wenig mehr seyn wird, als **Tullius** oder
Hyde 12.

Anmerkungen.

Quicquid sub terra est, in apricum proferet aetas;
Defodiet, condetque nitentia.

Dieses ist stark und nett; aber weit unter der Nachahmung, worinn ein sehr feiner Lobspruch für zwey
große Charaktere der meisterhaften Kürze der ersten
Zeile Würde und Ungezwungenheit giebt.

12 **Tullius**, **Hyde**! Er war in dem Dienst seiner
Profeßion beyden gleich. Hierinn fehlet in der That
die Gleichheit. Die glänzendsten Talente des **Tullius** wurden oft durch Eitelkeit und Furchtsamkeit
verdunkelt; und die tugendhaftesten Absichten des **Hyde** wurden oft durch irrige Speculationen über die
Natur der Regierung, und dem Ursprung der Gesellschaft hintertrieben.

Welcher Mensch, den die Gicht foltert, oder
der Stein quälet, sieht sich nicht nach einem
Beystand um? Verarmte Stutzer machen Freundschaft mit dem Ward, und der verzweifelnde
Kranke hält sich an den Dover ¹³. Die Krankheit der Seele ist leichter zu heilen; alle Menschen können von dieser genesen, wenn sie nur
wollen. Wollt ihr glücklich seyn? so verachtet
niedrige Freude, niedrige Gewinne, verachtet
alles, was Cornbury verachtet; seyd tugendhaft, und seyd für eure Mühe glücklich.

Aber laßt ihr euch von neuen Meynungen
beherrschen, glaubt ihr, was Tindal lehret, der
so wenig eine Tugend als eine Kirche erken-
net ¹⁴, jene nur für Worte, und diese für Zie-

<hr>

Anmerkungen.

13 Und der verzweifelnde Kranke hält sich an
den Dover. Der Ausdruck, *lays hold on Dover*,
hält sich an den Dover, ist artig; indem er auf die
schlüpferige Arzney zielet, wodurch dieser Quack-
salber sich berühmt machte, nämlich Quecksilber.

14 Der so wenig eine Tugend als eine Kirche
annimmt. Das erste erhellet aus seinen Partey-
schriften; das andre aus seinen Rechten der christlichen Kirche.

gel und Steine hält; ſo flieget auf allen Flügeln der wilden Begierde, bewundert, was der
Unſinnigſte bewundern kann. Iſt Reichthum
der Gegenſtand eurer Leidenſchaft? ſo reiſet
von Pol zu Pol, ſo weit Winde euch treiben,
ſo weit Wellen euch tragen können. Holet in-
dianiſche Spezereyen, peruvianiſches Gold, über-
treffet den Geizigen an Geiz, den Verwegenen
an Verwegenheit, tragt den güldnen Berg bis
an die Wolken auf. Legt mit funfzig tauſend
den weiten Grund, macht ein hundert tauſend
voll; und iſt das nicht genug, ſo legt noch
funfzig hinzu, und macht viermal funfzig voll.
Denn, merket den Vortheil, ſo vielmal funfzig
werden eine Frau mit halb noch einmal ſo viel
verſchaffen; werden ihr Schönheit, und bey
der Schönheit Keuſchheit geben, und Freunde —
o! Freunde, die nicht anders als ſtandhaft ſeyn
können. Reichthum ſchlägt ſeinen Beſitzer zu
einem Mann von Verdienſten [15]; Venus giebt

ihm

Anmerkungen.

[15] Zum Mann von Verdienſten geſchlagen.
Er zielet auf die in Ritterſtand erhobenen Bürger,
bey denen Reichthum und Ehre zuſammen gehen.

ihm Schönheit [16], und Anstis Geburt: (gewiß mancher deutsche Prinz, mit allen seinen
Ahnen, wenn er kein Geld hat, ist weniger,
als er.) Der brave Timon giebt seinen Reichthum rühmlich weg. Wer ihn um einen Gro-
schen bittet, dem giebt er hundert Pfund. Oder
wenn drey Damen ein mißlungenes Trauerspiel
loben [17], so bezahlt er an dem Tage des Dichters alle Billete. Um nun in solchen Bedürft-
nissen nicht zu darben, müßt ihr wahrhaftig
Popens W. B. 5. F

Anmerkungen.

16 Venus wird ihm Schönheit, Anstis Ge-
burt geben. Dieses will sagen, daß die Thür der
Ehre und der Schönheit immer für Geld offen stehe.
Anstis, Wappenkönig.

17 Oder wenn dreyen Damen ein mißlungenes rc. Die gemeinen Leser werden begieriger seyn,
diese drey Damen, das unglückliche Schauspiel,
und jede andre Kleinigkeit, welche mit dieser Galan-
terie verbunden war, zu wissen, als die Erklärung
des Sinnes unsers Verfassers, oder die Erläuterung
seiner Poesie; wären es auch Stellen, wo er am
lehrreichsten und erhabensten ist. Wäre aber Herr
Pope gesonnen gewesen, eine so närrische Neubegierde zu befriedigen, so hätte er einen andern Ausleger
seiner Schriften gesucht.

Geld haben! Ein edler Ueberfluß ist hier nöthig [18], nicht für euch selbst, sondern für eure
Narren und Betrüger; etwas, warum sie euch
zu eurer Ehre betrügen, und welches ihr, wenn
ihr den Wohlstand beobachten wollt, nicht wiß-
sen müßt.   Wenn demnach Reichthum allein
glücklich macht, so sammlet, sammlet, ruhet
nie, und höret nimmer auf zu sammlen!

Streben aber eure Begierden nach Gewalt
und Ehrenstellen; bestehet eure Freude in der
Pracht des Lebens; so miethet einen Sklaven,
oder (wenn ihr wollt) einen Lord, der die
Honneurs mache, und das Wort führe; der,
wenn des Morgens die Haufen der Besuchen-
den kommen, euch sage wem ihr zunicken, wen
in eure Kutsche nehmen, und wem ihr die
Hand reichen müßt; der euch erinnere, wer in
Cronwall, oder wer in Berk eine Hauptperson

Anmerkungen.

[18] **Einen edlen Ueberfluß.** Diese Zeilen sind eine vortrefliche Paraphrasis des

Exilis domus est, vbi non et multa supersunt
Et dominum fallunt, et prosunt furibus.

spielet: "Dieser könnte Ungelegenheit erregen,
"denn er sitzt im Gericht; jener kann drey
"Glieder, und dieser kann einen Lord-Major
"wählen.,, Nach diesem Unterricht bücket ihr
euch, umarmet, versichert eure Freundschaft,
nennt ihn Sohn, oder wenigstens Vetter, dreht
euch dann um, und lachet über eure eigne
Possen [19].

Oder muß euer ganzes Leben ein beständi-
ger Schmauß seyn, und heißt gut leben, nichts
anders, als essen; so höret den Ruf der Schwelgerey. Auf, auf, ruft sie, der Tag bricht an;
Geh, jage Wild, und fange Fische; erjage
mit Hunden und Hörnern den Hunger —
So machte es Russel, aber konnte zu Abend
nicht essen, nannte den Bettler an seiner Thür
einen glücklichen Hund! und mißgönnte dem
Armen Hunger und Durst [20].

Anmerkungen.

[19] Dreht euch dann um, und lacht über eure eignen Possen. Welches allen Staatsministern
so natürlich ist, daß wir nicht glauben dürfen, als
wenn er einen besondern Minister gemeynet habe.

[20] Und dem Armen Durst und Hunger miß-
gönnete. Der Dichter hat hier mit ungemeinem

Oder sollen wir allen Wohlstand vergessen,
und aus den Schenken ins Hurhaus, aus dem
Hurhause ins Bad gehen; bey dem Chartres
speisen, des K**ls, oder Ty — ys lüderlichen Pöbel in allen Lastern übertreffen; aus
Latien von den Syrenen, aus Frankreich von
den circäischen Schmausen, wohl gereiset und
in Vieh verwandelt, zurück kehren, für eine be-
titelte Hure, oder ausländische Geliebte unserm
Lande entsagen, und unsern Namen beschimpfen?

Oder müssen wir endlich mit dem Wilmot
bekennen, die Liebe allein mache die Glückselig-

Anmerkungen.

Verstande erkläret, was er anderswo die Unver-
schämtheit des Reichthums nennet, der, in seiner
Wuth alle Glückseligkeiten des Lebens für sich selbst
zu haben, ohne sich Mühe zu geben, eine einzige zu
verdienen, nicht nur ansehen kann, daß ein tugend-
hafter Mann arm bleibt, sondern auch so abscheulich niederträchtig und klein ist, daß er ihm die Vor-
theile mißgönnet, die aus eben dieser Armuth entste-
hen: ein Grad der Unart, der nicht so selten, als
abscheulich ist; ob er gleich seine Wurzel in unser
aller Natur hat, wofern der Dichter ihr nicht in der
Beschreibung Unrecht thut, welche er von ihrem Stolz
und ihrer Niederträchtigkeit giebt; “Was will
“dieser Mensch?„ S. B. 3. S. 21.

keit des Lebens; und ist Swift weise [21], wenn er
ruft, "*vive la Bagatelle!*„ so thut gewiß der wohl,
der liebt und lachet.   Leben Sie wohl! —

E 3

Anmerkungen.

[21] **Wilmot.** Graf von Rochester.

Und Swift, "Vive la Bagatelle!„ Der Dichter
redet an einem Orte von der Absicht seiner Satire,
und sagt: "in diesem unparteyischen Spiegel will
"meine Muse ihr eignes Bild, das Bild meiner Fein-
"de und Freunde sehen lassen. „ Und an einem
andern Ort läßt er seinen Rathgeber, einen Hofmann,
sagen: "Lachen Sie über Ihre Freunde, und wer-
"den Sie böse, desto besser, Sie können alsdenn
"noch mehr lachen: „ Weil Sie durch diese Empfind-
lichkeit über seinen Tadel beweisen würden, daß Sie
noch viel an sich hätten, was verbessert werden müßte.

Nach diesem Grundsatze fällt Swift unter seinen
Tadel. Er konnte es nicht ansehen, daß ein Freund
den er so hoch schätzte, sich einer der besten Gaben
der Natur mißbrauchte, ohne daß er ihm seine Thorheit zu erkennen gäbe. Swift brachte sein Alter, so
wie wir aus einigen nach seinem Tode erschienenen
Bänden, die neulich gedruckt, und seinem Ruhm so
nachtheilig sind, sehen können, mit Tändeleyen in einer Zerstreuung zu, deren sich Weiber und Knaben
geschämt haben würden. Denn wenn Leute in eine
lange Gewohnheit verfallen sind, ihren Verstand bloß
dazu zu gebrauchen, um ihre Talente zu zeigen, ihren
Haß empfindlicher zu machen, und Kuppler einer

Gefällt Ihnen dieser Rath am wenigsten, so nehmen Sie den ersten an; oder wissen Sie etwas bessers, so belehren Sie mich, der gern lernet.

Anmerkungen.

Partey zu seyn; oder mit einem Worte, zu irgend etwas anders, als wozu die Natur ihn gegeben hatte, nämlich die Wahrheit anzupreisen, und zu schmücken; so wird das Alter, welches die Leidenschaften schwächet, niemals die Misbräuche, die sie verursachten, verbessern. Sondern das, was noch vom Witz übrig blieb, wird, anstatt seinen gehörigen Gang zu suchen und zu finden, in den hier getadelten verderbten Geschmack ausarten; worinn Dr. Swift keinen kleinen Theil seiner Weisheit gesucht zu haben scheinet. "Ich "suche (sagt er in einem Briefe an Herr Pope) "meine Gesellschafter unter Leuten aus, die wenig "vorstellen, und am gefälligsten sind; ich lese die "nichtswürdigsten Bücher, die ich nur finden kann: "und wenn ich einmal schreibe, so wähle ich die nichts= "würdigsten Materien. „ Anderswo sagt er : "Ich "liebe la Bagatelle mehr als jemals. Ich schreibe be= "ständig schlechte Prose, oder noch schlechtere Verse, "entweder aus Wuth, oder zum Spaß. „ In einem Briefe an den Herrn Gay heißt es: " Mein Wahl= spruch ist: Vive la Bagatelle! „

Erste Epistel

des

zweyten Buches

des

Horaz.

Vorbericht.

Die Betrachtungen des Horaz, und die Urtheile, die er in seiner Epistel an den
Augustus fället, schienen sich für die gegenwärtigen Zeiten so gut zu schicken, daß ich nicht
umhin konnte, sie auf mein eigenes Land an-
zuwenden. Der Verfasser hielt sie für wichtig
genug, sie an seinen Prinzen zu richten; den
er mit allen großen und guten Eigenschaften eines Monarchen schildert, dem die Römer die
Erweiterung einer unumschränkten Herrschaft
zu verdanken hatten. Um aber das Gedicht
völlig englisch zu machen, wollte ich eine, oder

zwey Eigenschaften hinzu setzen, welche zu der
Glückseligkeit eines freyen Volks beytragen,
und mit der Wohlfahrt unsrer Nachbarn besser bestehen können.

Aus dieser Epistel wird die gelehrte Welt er-
sehen, daß sie in zwey Irrthümer gefallen sey:
einmal, daß Augustus ein Beschützer der
Poeten überhaupt gewesen sey; da er doch
nicht nur allen, außer den besten Schriftstellern,
verboth, ihn zu nennen, sondern auch den
bürgerlichen Magistraten diese Sorge anbefahl:
*admonebat Practores, ne paterentur nomen
suum obsolefieri,* u. s. w. Zum andern, daß
diese Epistel bloß ein allgemeiner Discours
über die Dichtkunst war; da sie doch eine
Schutzschrift für die Poeten war, um den
Augustus zu bereden, daß er sich ihrer mehr
annehmen möchte. Horaz vertritt hier die Sache seiner Zeitverwandten, erst wider den Geschmack der Stadt, welche den Einfall hatte,
die Verfasser der vorigen Zeiten zu vergrößern;
zweytens wider den Hof und den Adel, welche bloß die Schriftsteller unterstützten, die für

das Theater schrieben; und endlich gegen den Kaiser selbst, der sich die Gedanken gemacht hatte, daß sie für die Regierung wenig Nutzen hätten. Er zeigt (in einer Betrachtung des Fortganges der Gelehrsamkeit, und der Veränderung des Geschmacks unter den Römern) daß die Einführung der feinen Künste der Griechen den Schriftstellern seiner Zeit vor ihren Vorgängern große Vorzüge gegeben hatten; daß ihre Morale sehr verbessert, und die wilde Freyheit dieser alten Dichter sehr eingeschränkt worden sey: daß die Satire und Comödie richtiger und nützlicher geworden sey: daß alle noch zurück gebliebene Ausschweifungen des Theaters dem schlechten Geschmacke des Adels zuzuschreiben wären; daß die Poeten, unter gehörigen Regeln, in vielen Stücken dem Staate nützlich wären, und beschließt damit, daß der Kaiser selbst sich in Ansehung seines Ruhms auf die Nachwelt verlassen müßte.

Wir können ferner aus dieser Epistel lernen, daß Horaz diesem großen Prinzen sein Com-

pliment darinn macht, daß er an ihn mit einer
anständigen Freymüthigkeit, mit einer gerechten
Verachtung seiner niederträchtigen Schmeichler,
und mit einer männlichen Beobachtung seines
eignen Charakters schreibet. P.

Des zweyten Buchs
Erste Epistel
an den
August¹.

Wie soll die Muse es wagen großer Beschützer der Menschen, indem du das
Gleichgewicht der Welt erhältst, und das ganze Meer sicherst, dein Land auswärtig mit den

---

¹ Der Dichter steiget immer mit seinem Original;
und sehr oft ohne dasselbe. Diese ganze Nachahmung
ist ungemein edel und erhaben.

Waffen vertheidigeſt, daheim durch Sitten,
Künſte und Geſetze verbeſſerſt, wie ſoll ſie wagen, einem ſolchen Monarchen eine Stunde zu
rauben, ohne das Wohl des gemeinen Weſens
zu vervortheilen?

2 Edward und Heinrich, Könige, worauf
itzt das Gerücht pralet, und der tugendhafte
Alfred, ein noch geweihterer Name, beſchloſſen,
nach einem Leben voll großmüthiger Mühſam-
keiten, als Gallien bezwungen, ihr Land ge-
ſichert, der Ehrgeiz gedemüthiget, mächtige
Städte geſtürmt, oder Geſetze eingeführet, und
die Welt gebeſſert war, die lange Folge ihrer

Anmerkungen.

2 Edward und Heinrich ꝛc. Romulus, et Liber
Pater, etc. Horaz preiſet mit vielem Verſtande den
Auguſtus wegen der Colonien, die er anlegte, nicht
wegen der Siege, die er erfochte; und deswegen vergleichet er ihn, nicht mit denen, welche das menſchliche Geſchlecht verwüſteten, ſondern mit denen, die
es geſitteter machten. Dieſe Anſtändigkeit fehlet der
Nachahmung: und aus einer ſehr einleuchtenden Urſache ſollte der Dichter ſein Abſehen nicht darauf gerichtet haben, wie er in der Erwähnung des Alfred
gethan hat.

ruhmwürdigen Thaten mit einem Seufzer über
die unwillige Dankbarkeit der niederträchtigen
Welt [3]! Jede menschliche Tugend empfindet,
so lange sie lebet, daß der Neid sich durch nichts,
als den Tod, überwinden läßt [4]. Der große

Anmerkungen.

[3] Beschlossen die lange Folge — mit einem
Seufzer. Der Ausdruck ist ungemein schön; und
das *ploravere* ist mit vieler Einsicht gesetzt.

[4] Findet — daß der Neid sich — überwinden
läßt. Diejenigen unter uns, welche sich in der gelehrten Welt hervor gethan haben, haben meistens die
Gewohnheit gehabt, die üble Begegnung von denen,
welche sie zu verpflichten gesucht haben, einem bösen
Neide zuzuschreiben. Aber gewiß ohne Grund; denn
wir finden, daß unsre Landsleute eben so gesinnt sind,
wie die Athenienser, wie Socrates sie in dem Eu-
typhro des Plato beschreibet: Sie räumen, sagt er,
einer berühmten Vortreflichkeit gern ihre Rechte
ein; nur dann fangen sie an zornig zu werden,
wenn ein Mann schreiben und sich heraus nehmen will, einen Beweis davon zu geben. Auch
wir sind eben so bereitwillig, denen den Ruhm einer
Vortreflichkeit einzuräumen, welche sich aus Sittsamkeit
geweigert haben, uns einen Beweis davon zu geben.
Gewiß eine Denkungsart, die vom Neide weit entfernt ist. Wir müssen demnach den heftigen Unmuth,
worein gute Leute zu gerathen pflegen, und ihre Bemühung, den Ruhm desjenigen zu unterdrücken, wel-

Alcides [5], nachdem er alle Mühsamkeiten
überstanden, hatte zuletzt noch dieses Ungeheuer
zu überwinden: Ein gewisses Schicksal für alle, vor deren aufgehendem Schimmer jeder
Stern kleinerer Verdienste verblasset! In unsrer Ohnmacht empfinden wir zu sehr den
Stral [6], der gerade über uns brennet; und
diese

Anmerkungen.

cher sich anmasset, einen Beweis von dem zu geben,
was sie so bereit sind, für bekannt anzunehmen, keiner
andern Sache zuschreiben, als einer eifrigen Sorge
für die Wohlfahrt des Publici, welche nichts besser
sichern kann, als eine zeitige Unterdrückung der Liebe
des Volks, die allen übrigen so nachtheilig ist, wenn
sie sich mit großen Talenten verbindet. Scribl.

[5] Der große Alcides. Dieses Beyspiel hat hier
nicht so viel Anstand, als in dem Original, wo es
nach dem Romulus, Bacchus, Castor und Pol-
lux sehr füglich stehet, da es hingegen ungeschickt
nach dem Edward und Heinrich folget. Allein er bediente sich desselben wegen des schönen Gedankens in
der nächsten Zeile; welcher jedoch die Stärke des Originals nicht erreichet.

[6] Wir empfinden zu sehr den Stral ꝛc. "Les
"hommes, nés ingrats et jaloux (sagt ein sinnrei-
„ cher französischer Schriftsteller mit anständigem Zorn)

diese Sonnen des Ruhms gefallen nicht eher,
als wenn sie untergehen.

Dir legt die Welt schon itzt ihre Huldignng
ab; eine frühe Erndte, aber dennoch ein rei-
fes Lob: großer Freund der Freyheit! ein
Name, der Königen beygelegt, über allen
Ruhm gehet, den jemals Griechen, jemals
Römer erwarben! Dir, dessen Wort eben so
heilige, eben so verehrte Wahrheit ist, als die
Orakel des Himmels von Altären verkündiget.
Wunder unter den Königen! dessen gleichen
sterbliche Augen nie gesehen haben, und nie sehen werden.

Dopens W. B. 5.   G

Anmerkungen.

„ne pardonnent pas ceux qui prétendent à leur ad-
„ miration: de la mériter ils en font un crime, qu'ils
„ punissent par *des calomnies, des critiques ameres,*
„ *et des mépris affectés.* La Postérité le vengera de
„ ses oppresseurs, en le comblant de louanges, tan-
„ dis que ses imbecilles detracteurs, ces hommes *vils,*
„ qui pour être oubliés, n'ont pas besoin de cesser
„ d'être, resteront pour jamais plongés dans l'oubli. „

Allein, Herr! laß mich dennoch bekennen,
wenn dein Volk in Einem Stücke gerecht ist,
daß es doch in den übrigen parteyisch ist; feind-
selig gegen alle andre Verdienste der Lebendigen, außer den deinigen, redet es den alten Thorheiten der Verstorbenen das Wort.
Schriftsteller, gleich den Münzen, steigen im
Werth, wie im Alter: wir schätzen nicht das
Gold, sondern den Rost. Chaucers schlechteste
Schimpfwörter werden auswendig gelernt, und
Häupter von Familien wissen Stellen aus dem
unflätigen [7] Skelton. Einem gefällt keine andre Sprache, als die der Fairy Queen. Der
Schottländer stirbt für Christ's-Kirk o' the
Green [8], und jeder wahre Britte schwöret,

Anmerkungen.

[7] Den schmuzigen Skelton: Gekrönter Dichter
Heinrichs VIII, von dessen Versen neulich ein Band
wieder abgedruckt ist, welcher fast gänzlich in Zoten,
Unflätereyen und anzüglichen Reden bestehet. P.

[8] Christ's Kirk o' the Green. Eine Ballade,
von einem König in Schottland verfasset.

　　　　　　　　　　　　　　　　　P.

aus Liebe für den Ben, die Musen [9] hätten ihn
in Devil Tavern besucht [10].

Obgleich Griechenland seine ältesten Söhne
bewunderte; sollen wir deswegen nicht klüger
seyn, als unsre Väter? Wir beweisen unsern
Vorzug in jeder öffentlichen Geschicklichkeit; wir
bauen, wir malen, wir singen, wir tanzen
eben so gut; und könnte das gelehrte Athen
sehen, wie geschickt wir durch den Reifen
springen, es müßte unsrer Kunst den Vorzug
einräumen.

G 2

Anmerkungen.

[9] Die Musen — in Devil Tavern. Dieser
Beweis von dem schlechten Geschmack der Leute ist
wohl ausgesucht, und glücklich ausgedrückt. Die Talente Johnsons waren mehr Gelehrsamkeit, Beurtheilung und Fleiß, als Witz und natürliches Genie.

[10] In der Devil Tavern. Die Devil Tavern war
der Ort, wo Ben Johnson seine poetische Zusam-
menkunft hielt.

Wenn die Zeit wie unſern Wein, ſo auch
unſern Witz verbeſſerte, ſo möchte ich wiſſen,
in welchem Alter der Dichter göttlich wird?
Wollen wir den, der etwa vor hundert Jahren ſtarb, für göttlich halten, oder nicht?
Wollen wir allen Streit endigen, und ein ge-
wiſſes Jahr beſtimmen, wenn brittiſche Dichter anfangen, unſterblich zu werden?

"Wer ein Jahrhundert alt iſt, iſt fehlerlos;
"ſolch einen Dichter erkläre ich, nach allen
"Rechten für klaßiſch."

Wenn ihm ein Jahr fehlet, wollt ihr es
nicht rechnen? Iſt er ein ächter und wahrer
Alte; oder ſind ſchlechterdings alle von neun und
neunzig Jahren neu, und Dunſe?

"Um ein oder zwey Jahre wollen wir nicht
"ſtreiten; aus Gefälligkeit Englands mag er
"mitgehen."

So ziehe ich, wie jener, der Haar vor Haar,
und endlich den ganzen Pferdeſchweif auszog,

ein Jahr nach dem andern ab, und löse die Alten, wie einen Haufen Schnee, in nichts auf; indem ihr in den Stow sehet, um den Werth der Schriftsteller nach Jahren zu berechnen, und bloß eine Baare mit einem Kranz ¹¹ beschenkt.

¹² Shakespear, (den ihr und jeder Comödienzettel den göttlichen, den unvergleichlichen,

G 3

Anmerkungen.

¹¹ Einen Kranz bloß einer Baare schenken. Der Gedanke ist schön, und spielt auf die alte Gewohnheit unsrer Vorfahren an, welche die Bahre (worauf die Todten zu Grabe getragen wurden) mit Kränzen belegten. Eine männliche und fromme Gewohnheit, welche aus dem Gebrauche der Alten, die Sieger zu belohnen, sich herschrieb, und von ihnen in die Kirche gebracht, und auf diejenigen, welche den guten Kampf des Apostels gekämpfet hatten, angewandt wurde.

¹² Shakespear. Vom Shakespear, und Ben Johnson kann mit Wahrheit gesagt werden, daß sie an diese Unsterblichkeit nicht viel gedacht haben; der eine in vielen Stücken, welche er in der Eile für das Theater verfertiget, der andre in seinen letzten Werken überhaupt, welche Dryden seine Kindereyen nannte.   P.

und ich weiß nicht, wie ſonſt, nennet,) ließ ſich
von der Liebe zum Gelde, nicht von der Ruhm-
begierde beflügeln [13], und wurde wider ſeinen
eignen Vorſatz unſterblich.   Den ſchien, alt und

Anmerkungen.

[13] Von der Liebe zum Gelde — beflügeln.
Shakeſpear wußte vollkommen gut, was zu einem rechten Werke gehört, wie aus dem Tempeſt und den
Merry Wives of Windſor erhellet.   Allein er
richtete ſich gemeiniglich nach der Unwiſſenheit und
dem ſchlechten Geſchmack ſeiner Zuhörer.   Doch erſetzet
in ſeinen unregelmäßigſten Schauſpielen ſein Witz und
ſeine Erhabenheit die Uebertretung der Regeln der
Kunſt; und unterſtützen ihn darinn. Aber zum Glück für
die Verbeſſerung des Drama hatte er an dem Johnſon einen Nebenbuhler, welcher bey einer noch gröſ-
ſern Verſuchung ſich nach dem ſchlechten Geſchmack
ſeiner Zeit zu richten nicht ein gleich ſtarkes Genie hatte,
ſich darinn zu erhalten.   Johnſon borgte demnach alles, was er konnte, von der Kunſt; und hielt ſich,
wie ein erfahrner General, hinter den Linien, wenn
er ſich nicht auf ſeine natürliche Stärke verlaſſen konnte.   Der Erfolg war, daß Shakeſpear, nachdem er
einen Verſuch gemacht hatte, den Geſchmack zu verbeſſern (S. den Hamlet) und ihn fehl ſchlagen ſah,
ſich nach demſelben richtete, und der Lieblingsdichter
des Volks wurde; indem Johnſon, der aus den oben
gegebenen Urſachen nicht ſo gefällig ſeyn konnte, ſein
ganzes Leben hindurch mit demſelben zu Felde lag.
Dieſes, nicht aber (wie man meiſtens vorgiebt,)
die Unwiſſenheit des einen, und die höhere Enſicht
des andern, war die wahre Urſache des Streites, wel-

arm, das künftige Leben, was jedem Poeten
sein Glaubensbekenntniß verspricht [14], wenig
zu achten. Wer lieset itzt den Cowley? Gefällt er noch, so gefällt seine Moral, nicht sein
zugespitzter Witz. Ich vergesse seine epische,
ja seine pindarische Kunst [15], aber liebe noch
immer die Sprache seines Herzens.

G 4

Anmerkungen.

chen wir unter diesen beyden Hauptschriftstellern, in
der Kunst und dem Bau ihrer Stücke finden. Wir
sehen also, daß hier ein Mangel an gnugsamen natürlichen Genie unfälliger Weise zu der Verbesserung
der englischen Schaubühne beytrug. Und jeder Comödienzettel. Ein Spott über diejenigen, welche
von dem Shakespear reden, weil er in der Mode ist;
und die doch, wenn sie ihrem Geschmacke oder Gewissen Gerechtigkeit thun dürften, gestehen würden,
daß Durfey ihnen besser gefiele.

[14] Das künftige Leben in dem Glaubensbekenntniß aller Poeten.

Quo promissa cadant, et somnia Pythagorea.

Die Schönheit dieser Zeile entstehet aus einem Umstande in der Geschichte des Ennius. Weil diese aber
nicht nachgeahmet werden konnte, so bemühete sich
unser Dichter, ihr gleich zu kommen; und es ist ihm
geglücket.

[15] Pindarische Kunst. Welche mehr Verdienst
hat, als seine epische, doch ist sie dem Character so

"Aber wahrlich! ſie waren berühmte Män-
"ner! Welcher Knabe hört nicht noch itzt die
"Sprüchwörter des alten Ben? So ſehr die
"Kunſtrichter ſonſt ſtreiten [16], iſt doch kein ein-
"ziger, der nicht von Johnſons Kunſt, von
"der getroffenen Natur des Shakeſpear, und
"von dem Witz des Cowley mit Beyfall rede;
"der uns nicht ſage, wie Beaumonts Urtheil
"beſſerte, was Fletcher ſchrieb; wie geſchwind
"Shadwell, wie langſam Wycherley dichte-
"te [17], und wie ſicher Southern und Rowe

Anmerkungen.

wohl, als dem Silbenmaaß des Pindar ſehr ungleich.　　　　　　　　　　　　　　　　　D.

[16] So ſehr die Kunſtrichter ſtreiten. Der
Dichter hat hier das abgeſchmackte Geſchwätz der Weiber und Knaben in ſehr ſchöne Verſe gebracht. Hier
hat er das Original genau nachgeahmet, wo eine gleiche, unvernünftige und eigenwillige Kritik vortreflich
verſpottet wird.

[17] Wycherley. Das beſte Stück, worauf ſich die
Ehre dieſes Schriftſtellers gründet, iſt ſein berühmtes
Luſtſpiel der *Plain Dealer;* welche aus dem *Miſan-
thrope* des Moliere genommen iſt. Allein es iſt ſo aus-
gefallen, daß, ſo wie der Miſanthrop des Moliere
nur ein *Plain Dealer* (ein Mann der freymüthig re-

" die Leidenschaften erregten. Diese, diese al-
" lein erhielten sich noch auf der vollen Bühne
" von dem ältesten Heywood an bis auf die
" Zeiten des Cibber. „

Das alles mag seyn; die Stimme des Volks
ist seltsam; zuweilen die Stimme eines Gottes,
zuweilen nicht. Wenn es dem Gammer Gur-

G 5

Anmerkungen.

het, wie es ihm ums Herz ist) geworden, der *Plain
Dealer* des Wycherley ein rechter Misanthrop ist.
Ob dieses dem verschiedenen Genie der Nationen,
oder den verschiedenen Beurtheilungskräften der Poeten zugeschrieben werden muß, mögen die Kunstrichter
entscheiden.

Ibid. Shadwell geschwind ꝛc. Nichts war weniger wahr, als dieser Umstand: aber in der ganzen
Periode herrschet eine eingemischte Jronie, und muß
nicht für Horazens eignes Urtheil, sondern bloß für
das gemeine Geschwätz vorgeblicher Kunstrichter gehalten werden, welche in einigen Stücken recht, in andern
falsch urtheilen, wie er uns in seiner Antwort sagt:

Interdum vulgus rectum videt: est vbi peccat.

P.

ton [18] den Lorbeer zuſpricht, und dennoch dem
Carleß Zusband ſein Lob verſagt; oder wenn
es behauptet, daß unſre Väter keine Regel be-
leidigten, ſo ſage ich dreiſt, das Volk urtheilt
verkehrt.　Geſtehet es aber, daß ſie größere Fehler und größere Schönheiten hatten, als wir,
ſo trete ich ihm bey.　Spenſer [19] ſelbſt ſucht
etwas in dem Veralteten, und Sidneys Vers
[20] ſtolpert auf römiſchen Füßen.　Milton

Anmerkungen.

[18] Gammer Gurton. Ein Stück, worinn ein
ſehr platter Witz herrſcht, eines von den erſten Luſt-
ſpielen, das im Engliſchen gedruckt, und deswegen
von einigen Liebhabern des Alterthums ſehr geſchätzet
wurde.　　　　　　　　　　　　　　　　D.

Gammer Gurton — und doch — verſagen.
D. i. Wenn ſie einem Luſtſpiel den Preiß zuerkennen,
weil es alt iſt, und ihn einem andern verſagen, weil
es neu iſt; ſo ſage ich, das Publicum handelt ſehr
thöricht.

[19] Spenſer ſelbſt ſucht etwas in dem Veralteten. Dieſes iſt gewiß wahr: er dehnte die Regel des
Horaz über alle Vernunft aus:

Obſcurata diu populo bonus eruet, atque
Proferet in lucem ſpecioſa vocabula rerum.

[20] Und Sydneys Vers ſtolpert auf römiſchen
Füßen ꝛc. Sir Philipp Sidney. Er verſuchte den

schwingt sich itzt auf starken Flügeln über die
Gränzen des Himmels hinaus, itzt kriecht er
prosaisch, wie eine Schlange, am Boden.
Engel und Erzengel spielen mit Worten, und
Gott der Vater redet wie ein Geistlicher der
Schule [21]. Fern sey es indeß von mir, wie
der schneidende Bentley [22] mit seiner nichts

Anmerkungen.

römischen Hexameter und Pentameter in englischen Versen nachzuahmen. Baif, ein französischer Dichter in
den Zeiten Heinrichs II. hatte vor ihm schon eben das
versucht, und mit gleichem Erfolg.

[21] Und Gott der Vater wie ein Geistlicher
der Schule. Ben Johnson spottet über den Einfall
seiner Zeit, wenn die Zuschauer die englische Geschichte aus Shakespears Schauspielen lernen wollten. Nach
der gegenwärtigen Liebe des Milton könnten wir eben
so leicht unsre Religion aus dem verlohrnen Paradiese lernen: ob es gleich gewiß ist, daß er ein eben
so schlechter und phantastischer Gottesgelehrter war,
als Shakespear ein freyer Geschichtschreiber. Dieses
erhellet aus vielen Stellen dieses vortreflichen Gedichtes. Wie er in diesem den Vater erniedriget, indem
er ihn das scholastische System annehmen läßt;
so entehret er im wiedergewonnenen Paradiese
den Sohn, indem er ihn zum Stifter der mahome-
tanischen Haushaltung der Gnade macht.

[22] Bentley. Dieser vortrefliche Kunstrichter, der
das Schicksal hatte von zwey der größten Dichter übertrieben verachtet und verspottet, und von zwey der

verſchonenden Klammer, auf Gerathewohl die
Schönheiten aus ſeinem Werke wegzuſchneiden,

Anmerkungen.

größten Gelehrten ſeiner Zeit eben ſo übertrieben verehret und geliebkoſet zu werden, verdienet die Gerechtigkeit, die man ihm itzt erzeigt, und die man ihm in
ſeinem Leben niemals wiederfahren ließ.

Er war ein großer Meiſter der Sprachen und der
Gelehrſamkeit des feinen Alterthums; deſſen Schriften er in keiner andern Abſicht ſtudirte, als um den
Text zu verbeſſern. Er hatte dazu einen ſehr ſtarken
natürlichen Verſtand, viel Scharfſinnigkeit, und eine
ſehr ungewöhnliche Schärfe der Einſicht. Alle dieſe
Eigenſchaften hatte er durch eine lange Uebung und
Anwendung ſehr verbeſſert; doch beſaß er zugleich ſo
wenig von der Feinheit der Beurtheilungskraft, welche wir Geſchmack nennen, daß er nichts von dem
Stil wußte, wie er ſich nach den verſchiedenen Arten
der Werke des Geiſtes richtet und bequemet. Und weil
bey ihm das Vermögen zu unterſuchen ungemein viel
beſſer war, als das Vermögen ſeiner Einbildungskraft,
ſo verſtand er ſich auf den poetiſchen Stil am we-
nigſten. Die Klarheit ſeiner Begriffe, welche ſeiner
kritiſchen Scharfſinnigkeit ſo große Dienſte that, Fehler in Lehrbüchern zu entdecken, und zu verbeſſern,
wo es auf eine philoſophiſche Preciſion und gramma-
tiſche Richtigkeit ankömmt, diente ihm alſo nur dazu,
daß ſie ihn zu ungereimten und ausſchweifenden Muth-
maßungen verleitete, wenn er den Verſuch machte,
den Text eines Dichters zu verbeſſern, deſſen Redensarten er immer nach den proſaiſchen Regeln einer lo-
gikaliſchen Genauigkeit prüfen wollte; und wenn er
das fand, was ein großer Meiſter in der Redekunſt

ober wie der affectirte Phantaſt bey Hofe, dem alles verhaßt iſt, was er in der Schule las, den ganzen Shakeſpear zu verwerfen.

Anmerkungen.

verbum ardens nennet, ſo verließ er es gewiß nicht eher, als bis er es in ſeinem kritiſchen Dintenfaſſe gewäſſert hatte. Um dieſes aber an Philologie zu vergüten, war er aller Geheimniſſe des alten Rythums völlig Meiſter.

Das wichtigſte von ſeinen Werken, als ein beleſener Mann, iſt ſeine Critik über die Epiſteln des Phalaris: und ſein unerheblichſtes ſeine Anmerkungen über den *Discourſe concerning Free-thinking.* Doch wurde das erſte mit allen ſeinen Vorzügen der Gelehrſamkeit des Innhalts und der Wahrheit, durch den Angrif und das Geſchrey einer Partey, welche (wie gewöhnlich) das Publicum mit ſich fortriß, in Verachtung gebracht: indem das andre, worinn er ſich bloß die nichtsbedeutende Mühe gab, einen ſehr dummen und ſehr unwiſſenden Rhapſodiſten in ſeiner Blöße darzuſtellen, eben ſo übertrieben erhoben. Denn er hatte das ſeltſame Schickſal (wie unſer Dichter es ausdrücket.) "Unter den Dunſen für einen " ſchönen Geiſt, und unter den ſchönen Geiſtern für " einen Duns gehalten zu werden:„ da er doch in der That weder das eine noch das andre war. Die Ungerechtigkeit, welche man ihm in dem erſten Falle bewieſen hatte, machte, daß er unter ſeinen Freunden immer von der blinden Parteylichkeit des Publici, in Anſehung des letztern, mit der Verachtung redete, die ſie verdiente. Denn ob er zwar zuweilen ſeine Stärke mißkennen mochte, ſo ließ er ſich doch nie von dem

Aber die Witzlinge in den Zeiten der beyden
Carls, der Pöbel der Gentlemen [23], die mit

Anmerkungen.

Urtheile des Publici betriegen. Hiervon gab mir ein
itzt lebender Prälat folgenden Beweis. Er kam zufäl-
liger Weiſe in der Zeit, wo der Phalaris erſchienen
war, mit dem Bentley zuſammen; und nachdem er
ihn wegen dieſes ſchönen kritiſchen Stückes, (die Antwort an die Schriftſteller von Orford) gelobet hatte, bath er ihn, ſich durch dieſen Angrif nicht nieder-
ſchlagen zu laſſen: Denn ob ſie gleich das Gelächter
auf ihre Seite gebracht hätten, ſo könnte doch bloßer
Witz und Spötterey ſich gegen ein ſo trefliches Werk
nicht lange halten. Hierauf antwortete jener: "Ge-
"wiß, Dr. S. ich bin deswegen nicht beſorgt. Denn
"es iſt meine Maxime, daß niemals ein Mann durch
"andre, als ſeine eigne Schriften, ſeinen Ruhm ver-
"lieret.„

Seine nichts verſchonende Klammer. Er zielt
auf die Stellen Miltons, welche Bentley, theils mit,
theils ohne Einſicht, verwarf, indem er ſie in Klam-
mern ſchloß.

23 Der Pöbel der Gentlemen, die mit Leichtigkeit ſchrieben. Der Dichter hat hier dieſe benei-
dete Eigenſchaft, leicht zu ſchreiben, in der Wendung des Verſes, worinn er ihrer ſpottet, ſehr glücklich im Exempel gezeigt. Dieſe Witzlinge bildeten ſich
meiſtens dadurch, daß ſie ein ſchönes Original Genie
ſagen. Allein, es war kein Wunder, daß ſolche Nachahmer auf einem ſo ſchlüpfrigen Grunde fielen; und
entweder ſein freyes und ungezwungenes Weſen ins
Unſchmackhafte herabſinken ließen, oder es in Zoten

Leichtigkeit schreiben, ein Sprat [24], Carew,
Sedley, und hundert andre blinkende Sterne
in der ganzen vermischten Sammlung, was

Anmerkungen.

und Lüderlichkeit verwandelten. Sie thaten beydes;
bis es so weit kam, daß man das leicht schreiben be-
finirte, es sey eine Nachläßigkeit das zu sagen, was
sie sagten, und so, wie sie es sagten. Das nannte
man wie ein *Gentleman* schreiben. Wie aber die Moden sich verändern, so hat auch Lord Shaftesbury
eine neue Art von Gentleman mäßigen Schreiben eingeführet, welche zwar, wie jene, in der Nachläßigkeit
dessen, was gesagt wird, bestehet, aber doch in der
Art, es zu sagen, mit vieler Gezwungenheit verbunden ist.

[24] Sprat. Mit Recht an die Spitze der kleinen
Geister gesetzt. Er ist itzt zu seiner größten Ehre als
ein Freund des Cowley bekannt. Seine Gelehrsamkeit
bestand darinn, daß er seine Perioden wohl zu rün-
den wußte: Denn wie Seneka vom Tarius sagte:
"Compositione verborum belle cadentium multos
"*Scholasticos* delectabat." Was seine Frömmigkeit
und Genie betrift, so ersiehet man sie am besten aus
seinem letzten Willen und Testament, wo er Gott dan-
ket, daß er, da er weder zu Eaton noch Westminster,
sondern in einer kleinen Landschule am Kirchhofe unterrichtet worden, endlich ein Bischof geworden sey. —
Aber die Ehre, ein Schulknabe von Westminster zu
seyn, haben einige in diesem, andre in andern Jahren, und einige so lange sie leben. Unser dankbare
Bischof hatte sie zwar nicht in seiner Jugend, aber
doch fiel sie ihm im Alter zu.

haben ſie für Verdienſte? Ein Gleichniß, das
in der unfruchtbaren Wüſte von tauſend Zeilen
einſam ſchimmert, oder ein ausgedehnter Gedanke, der viele Blätter mit einem matten
Stral [25] erleuchtet, hat ganzen Gedichten von
ihnen den Ruhm eines Jahrhunderts erworben.
Ich ſage es aufrichtig, ich kann es nicht leiden, wenn man Werke tadelt, nicht weil ſie
ſchlecht, ſondern weil ſie neu ſind; ſo lange dieſe thörichte Richter von uns fodern, daß wir
die Fehler der Alten, die alle Geſetze beleidigen,
nicht verzeihen, ſondern loben ſollen.

Wenn ich am Ufer des Avon [26], wo ewi-
ge Blumen blühen, nur frage, ob hier auch
Unkraut

Anmerkungen.

[25] Viele Blätter mit einem matten Stral erleuchtet. Das Bild iſt von einem halb gebildeten
unvollkommnen Blitz genommen, der längſt den Wolken hin ſtralet, und eben hell genug iſt, die Häßlich-
keit dieſer ſchwarzen Dünſte zu zeigen, denen er,
(wie Milton es ausdrückt) zum ſilbernen Unterfutter
dient.

[26] An den Ufern des Avon. Zu Stratford in
der Grafſchaft Warwick, wo Shakeſpear gebohren wur-

Unkraut wachsen könne; wenn ich mich erkühne,
eine einzige tragische Sentenz zu verwerfen 27,
die Bettertons nachdrückliche Action verschö.
Popens W. B. 5. H.

Anmerkungen.

26. Der Gedanke des Originals ist hier ungemein
verschönert. *Perambulat* ist eine niedrige Anspielung
auf den Namen, und die Gebrechen des *Atta.*

27 Eine einzige tragische Sentenz zu verwerfen. Wenn Schriftsteller von dem Rang unsers Verfassers einmal mit guter Wirkung den schwülstigen
Ausdruck lächerlich gemacht, und ihm seine verdiente
Stelle angewiesen haben, da ihn bisher die kleinen
Kunstrichter für den erhabenen genommen hatten; so
wollen diese letzten alles, was sie nicht verstehen, für
Bombast ausgeben, wie der Idiot beym Cervantes,
welcher, weil er Schläge bekommen hatte, daß er unter einem Bauerhund und Windspiel keinen Unterschied
machen könnte, sich einbildete, jeder Hund, den er
antraf, sey ein Bauerhund. Eben so will unser hoch-
ansehnlicher Laureat Leute, die mehr Einsicht haben,
als er, nachahmen, und sich sehen lassen, daß er mit
der Partey der besten Kunstrichter lache. "In wel-
"chen Entzückungen, sagt er, habe ich bey dem rasen-
"den Galimathias und schwülstigen Gewäsch des Nat.
"Lee in seinem Alexander dem Großen eine ge-
"wisse Versammlung von Zuhörern gesehen? Man
"erlaube mit ein Exempel zu geben. Alexander sagt
"in einem großen Haufen von Höflingen: "Als der
"Ruhm, gleich dem verblendeten Adler, in dem Gro-

Anmerkungen.

" nikus auf meinem Hut saß; als das Glück selbst
" zitternd mein Panier trug, und die blassen Tode er-
" schrocken am Ufer standen; als die Unsterblichen
" auf den Wägen fuhren, und ich selbst der füh-
" rende Gott zu seyn schien. „ Wenn diese Stelle schön
ist, so laßt uns sehen, wie sie auf der Leinwand heraus
komme; was für ein Gemälde daraus werden würde.
Hätte le Brün diese hohe Beschreibung gesehen, was
für ein ganzes Gemälde könnte er wohl daraus genommen haben? In welchen Farben könnte er uns den
Ruhm sitzend auf einem Zute ausgedrückt? Wie
könnte er das Glück zitternd geschildert haben? Oder
wozu hätte er die blassen Tode, oder die auf den
Wagen fahrende Unsterblichen, mit diesem prah-
lenden Gotte, von seiner eignen Schöpfung, an ihrer
Spitze wohl gebrauchen können? *Apol. for his Life* p.
18. Ed. Oct. — Wenn die Zuhörer in Entzückung
waren, so bewundre ich ihren guten Geschmack: Denn
meiner Meynung nach sind diese sechs Zeilen so gewiß
erhaben, als irgend eine einzige Zeile, die wir im
Englischen haben. Allein der Kunstrichter will die
Bilder, die darinn liegen, gemacht wissen. Und man
muß gestehen, daß dieses kein übler Probierstein ist, wodurch man den Klang von dem Wesen unterscheiden
kann. Die Kenner werden ihm indeß sagen, daß er
sich in seinem Maler etwas versehen hat. Denn dieses
Subject verlangt vielmehr das Genie eines Rubens,
als eines le Brün. Und von einem solchen könnte
er für sein Geld ein sehr gutes Gemälde bekommen.
Er scheint nicht bedacht zu haben, daß das Glück und
die Tode, zwar Geschöpfe der Einbildungskraft, aber
doch personificirte Wesen sind. Und der Ruhm ist
hier noch etwas wesentlichers; denn mit der Zeile

Anmerkungen.

„Als der Ruhm, gleich dem geblendeten Adler, — daß ꝛc.;„ will er sagen, der Ruhm sey in Gestalt eines Adlers auf seinem Helm erschienen.

Zum Unglücke für die Critik des Laureaten enthalten diese sechs Zeilen nicht nur das erhabenste, sondern auch das geschmackvollste Bild, was nur die Poesie denken oder malen konnte. Die erste Zeile geht auf die Tradition, daß in der Schlacht bey Arbela über dem Kopf des Alexanders, ein Adler, als ein Vorzeichen seines Sieges geschwebet habe: Ich sollte denken, daß Lee es für erlaubt halten konnte, diese Erscheinung auf den Vorfall beym Granikus zu versetzen; und sie ist der Grund, worauf der Dichter seine schöne Vorstellung des Ruhms in Gestalt eines Adlers nach dem Stil Homers erbauet hat, der den Schrecken, das Entsetzen und viele andre Wesen der Einbildungskraft als über den Helmen seiner Helden schwebend vorstellet.

Die Vorstellung des Glückes in der dritten Zeile, welches sein Panier trägt, ist sehr glücklich. Sie ist nicht nur in dem wahren Geist der Poesie; sondern sie giebt uns auch einen richtigen Begrif von der Beschaffenheit seines asiatischen Feldzuges; und daß er es zittern läßt, indem es dieses Panier im Durchgange durch den Granikus fliegen läßt, giebt den angemessensten Begrif von der ausnehmenden Verwegenheit dieses Unternehmens.

Die vierte Zeile erhebt alle diese Bilder noch mehr, indem er die Schicksale selbst, (welche das persianische Reich zum Untergang bestimmet, und den Alexander aus Griechenland gerufen hatten, um ihre Ver-

Anmerkungen.

fängniſſe in Erfüllung zu bringen,) als halb erſchre-
cken vorſtellet, es möchte dieſer verzweifelte Unbeſon-
nene ihre Abſicht zernichten.

Aber das Erhabene in den beyden letzten Verſen
übertrift alles andre. Sie ſind eine ſchöne Anſpielung
auf die Schlacht beym Scamander im Homer, wo
Achilles die Götter ſelbſt zur Zerſtörung Trojens durch
die Wellen des Fluſſes, der ihnen den Weg abſchnitte,
hindurch führte. Und diejenigen, welche es gehört
haben, daß Achilles das Modell, wornach Alexander
ſich bildete, und Homer ſein liebſter Geſchichtſchreiber
war, werden einſehen, mit welcher ausnehmenden Beurtheilung der Dichter hierauf angeſpielet hat. Endlich wird der Dichter in Anſehung der Schicklichkeit,
daß er den Alexander von ſeinen Thaten prahlen läßt,
durch den Q. Curtius entſchuldiget, aus dem wir ſehen, daß es ſeine Gewohnheit war.

Aus dem, was wir geſagt haben, mag man ſchlieſ-
ſen, wie gefährlich es ſey, wenn ein Scribent ſeine Meynung von Dingen außer ſeiner eigenen Profeßion ſagen
will, ſo glücklich er auch ſonſt in derſelben ſeyn mag.
Denn wir müſſen den Laureaten die Gerechtigkeit wiederfahren laſſen, daß derjenige Theil ſeines Werkes,
wo er die Charaktere derjenigen Schauſpieler ſchildert,
nach welchen er ſich bildete, oder denen er nacheifer-
te, und zwar ſo, daß ſeine Action der beſten von ihnen gleich war, in der That, (wenn wir ſeine ſon-
derbaren Redensarten ausnehmen) in ſeiner Art ein
Meiſterſtück iſt. So nöthig iſt die Regel der Alten:

Quam quisque norit artem, in hac ſe exerceat

kerte [28], oder die Booth mit vollem Munde
hersaget, gesetzt auch, sie wäre nichts mehr,
als eine Musterrolle von Namen [29], wie gerathen nicht unsre Väter in Zorn, und schwören

H 3

Anmerkungen.

[28] Der Bettertons nachdrückliche Action —
oder die Booth mit vollem Munde. ꝛc. Das
Beywort *grauis*, bedeutet, wenn es einem tragischen
Schauspieler beygelegt wird, den Anstand in den Ge-
bärden, und in der Action; und in diesem Verstande
braucht der Nachahmer sein Wort, *grave*: denn nichts
ist seinem Charakter schädlicher, als das pralerische
Reden, der gemeine Fehler der Theaterhelden, welchen dieser vortrefliche Schauspieler gar nicht an sich
hatte. Der Ausdruck mit vollem Munde, (im Text
ein Beywort, well-mouth'd) ist ein Jagdterminus,
und wird hier seinem Nachfolger nicht ohne besondre
Absicht beygelegt, um zu verstehen zu geben, daß unter
den Actionen dieser beyden ein eben so großer Unterschied
war, als unter der scientifischen Musik, und der Harmonie
roher Töne, unter Reden und Rufen. Unser Verfasser machte dem Betterton dieses Compliment, als seinem ersten Freunde, den er eben so sehr wegen seiner
vortreflichen Action, als wegen seiner Aufrichtigkeit
im Leben und Sitten schätzete.

[29] Eine Musterrolle von Namen. Eine abge-
schmackte Gewohnheit verschiedener Acteurs, die blos-
sen Namen der Griechen und Römer, welche (wie
sie es nennen,) den Mund des Acteurs füllen,
mit einem Nachdruck aussprechen.

in den Zeiten Georgs sey alle Schaam ver
lohren. Man sollte glauben, daß unter der
vorigen Regierung keine Thoren gelebt hätten,
wären nicht noch itzt einige ehrbare Exempel
vorhanden, die es für schimpflich halten, daß
ein Knabe seinen Vater belehren sollte, und
weil sie einmal im Irrthum sind, immer irren
wollen [30]. Man verstehe den nur recht, der,
um sich das Ansehen einer tiefern Einsicht zu
geben, als ich, oder ein andrer besitzet, die alten Dichter, oder Merlins Prophezeihung erhebt; er bewundert nicht jene, sondern beneidet
uns; und erhebet die Väter, um die Söhne
herunter zu setzen. Hätte sich die Vorwelt beredet, alles, was damals neu war, zu verwerfen, was würde itzt alt seyn? Oder welche
Schrift von der ganzen Menge der Verstorbenen, so würdig von gelehrten Kunstrichtern gelesen zu werden [31], würde noch da seyn?

Anmerkungen.

30 Unter dem Original: wie die Zeilen, man verstehe ihn nur recht rc. das Original übertreffen.

31 Von gelehrten Kunstrichtern gelesen zu
werden rc. Eine Spötterey auf die gelehrten Kunst-

Als in den Tagen der Ruhe das müde
Schwerd in die Scheide sank, und Ueppigkeit
und Carl die Regierung wieder bekamen [32],
lebte, und liebte alles, in jedem Geschmack aus-
wärtiger Höfe unterrichtet, nach dem Beyspiel
des Königs. Pairs wurden stolz auf den Vorzug im Wettrennen [33]; Newmarkets Ruhm
stieg, wie Britanniens Ehre fiel. Der Soldat athmete Frankreichs Galanterien, und jeder

H 4

Anmerkungen.

richter, welche glauben, daß alle andern Schriftsteller, außer den Alten, ihrer Aufmerksamkeit nicht würdig sind. Diese paßte sich sehr gut in eine Satire,
deren Innhalt die unvernünftige Liebe für alles Alte ist.

[32] Und Carl die Regierung wieder bekam. Er
sagt wieder — erhielt, weil die Ueppigkeit, welche
er mitbrachte, nur bloß eine Wiedererweckung der Ueppigkeit war, welche unter den Regierungen seines Vaters und Großvaters geherrschet hatten.

[33] Stolz auf den Vorzug im Wettrennen —
schrieben Romanen rc. Des Herzogs von Newcastle Buch von der Reitkunst: Der Roman Parthe-
nissa, von dem Grafen von Orrery, und die meisten
von Standspersonen ins Englische übersetzte französische Romanen. D-

blumenreiche Höfling schrieb Romanen 44. Der
Marmor nahm die Gestalt, die Weiche und

Anmerkungen.

44 Jeder blumenreiche Hofmann schrieb Romanen ꝛc. Der Ursprung und der Fortgang der verschiedenen Zweige der Litteratur ist einer der wissens-
würdigsten Theile der Geschichte des menschlichen
Verstandes, und doch wird sie unter uns am wenigsten getrieben. Dieser Zweig der erdichteten Geschichte
ist nicht zu schlecht für unsere Erlernung. Die genaue
Verbindung, worinn jede Person mit allen dem stehet,
was den Menschen überhaupt angehet, treibt uns sehr
an, auf die menschlichen Angelegenheiten, vorzüglich
vor allen andern Beobachtungen, Acht zu haben, und
mit aller Sorgfalt den Fortgang und den Erfolg derselben abzuwarten. Weil aber der Lauf der menschlichen Handlungen zu langsam ist, unsre Neubegierde
zu vergnügen, so haben achtsame Männer sehr zeitig
Mittel gefunden, durch die Erfindung der Geschichte
ihre Ungeduld zu befriedigen. Diese erhielt dadurch,
daß sie die vornehmsten Umstände voriger Vorfälle erzählet, und sie nahe zusammen bringet, in einer fort-
gehenden Erzählung, die Seele vor Ueberdruß, und
gab ihr beständig etwas zu überdenken.

Wie es aber gemeiniglich geschiehet, daß in allen
Erfindungen, unser Vergnügen zu befördern, diejenigen, die uns vergnügen wollen, zu weit gehen; so
geschah es auch hier. Genau erzählte Begebenheiten,
so schön sie auch eingekleidet seyn mochten, wurden
bald für einen Geschmack, der durch die Ueppigkeit
der Kunst gereizet war, zu einfältig und Geschmack-
los: Sie mußten noch etwas eindringenders haben, um
eine eklle Begierde rege zu machen. Daher kamen in

Wärme des Lebens an, und das gehorsame
Metall floß zu menschlichen Bildungen. Cely
H 5

Anmerkungen.

Den feinern Zeiten diese erdichtete Geschichte, welche
die geschwinden Veränderungen des eigensinnigen Glücks
erzählten: und in barbarischern Zeiten, die Romanen, welche eine Menge falscher Reizungen von
Bezauberung und wunderbaren Ebentheuern enthielten.

Allein wenn man sich an unnatürlichen Dingen ge-
sättiget hat, so folgt der Ekel. Und der Leser fieng
endlich an, einzusehen, daß eine gar zu große Liebe
zu Ebentheuern ihn von dem, was ihn zuerst aufmerksam gemacht, von dem Menschen und seinen
Wegen, auf die bezauberten Pfade der Ungeheuer und
Chimären abgezogen hatte. Und nun waren diejenigen, welche diesen Blendwerken am weitesten nachge-
laufen waren, die ersten, die sich besser besannen.
Denn die nächste Art der Dichtung, welche ihren
Namen von ihrer Neuheit bekam, war von spani-
scher Erfindung. Diese stellte uns etwas menschliches
dar; wiewohl in einem gezwungenen unnatürlichen
Zustande. Denn wie vorher alles durch Zaubereyen
ausgeführet wurde, so wurde nun alles durch Liebes-
händel ausgeführet. Und ob hier gleich eine Art von
Leben war, so hatte dieses Leben doch, gerade als
wenn es noch in seiner Kindheit gewesen wäre, gar
keine Sitten. Weswegen diejenigen, welche nicht
scharfsichtig genug waren, die üble Anlage des Plans
einzusehen, doch über der Trockenheit der Ausführung,
und über den Mangel an leichter Entwickelung der
Catastrophe verdrüßlich wurden.

ftahl das schmachtende Auge, welches die Zärtlichkeit der Seele sprach, auf die Leinwand

---

Anmerkungen.

Die Vermeidung dieser Fehler gab den heroischen
Romanen der Franzosen ihren Ursprung, welche
unser Dichter hier lächerlich macht. Es wurde in denselben eine berühmte Geschichte der alten Zeit so sehr
durch neuere Fabeln und Erfindungen beflecket, daß
man eben sehen konnte, wie die Erfinder derselben weder die Kunst verstunden, zu lügen, noch die Wahrheit zu reden. In diesen durch ganze Bände ausge-
führten Thorheiten ersetzten Liebe und Ehre die Stelle des Lebens, und der Sitten. Aber die übertrie-
bene Verschönerung der platonischen Sentiments
sinkt immer in die Häfen der süssen Leidenschaft.
Und so führten diejenigen, welche versuchten, sie in
den kleinen verliebten Erzählungen, die diesen
stärkern Bänden folgen, natürlicher vorzustellen, ob
sie gleich die Trockenheit der spanischen Liebeshän-
del vermieden, ein noch größeres Uebel ein, als das
Verderben des Geschmacks ist; und das war das
Verderben des Herzens.

Endlich traf dieses große Volk (dem wir die Ehre
einräumen müssen, daß es sich um alle Zweige der
Wissenschaft verdient gemacht hat) das wahre Geheimniß, durch welches allein eine Entfernung von der
genauen historischen Wahrheit, in dem Umgang des
Menschen, einer verbesserten Seele in der That an-
genehm, oder zur Beförderung dieser Verbesserung
dienlich seyn konnte. Und dieses geschah durch eine
getreue und reine Copey des wirklichen Lebens, und
der Sitten.

Zeil 35. Kein Wunder, da alles Liebe und Scherz war, daß auch die Musen bey Hofe sich gern' mißbrauchen ließen. Sie lehrten den Ton auf jeder matten Seite beben 36, oder durch die Kehle eines Verschnittenen zittern.

Aber Britannien, veränderlich, wie ein Kind im Spiele, ruft itzt Prinzen zu sich, und stößt sie itzt fort. Itzt Whigs, dann Torys, hassen wir, was wir liebten; ergeben uns itzt ganz dem Vergnügen, itzt ganz der Kirche und

---

Anmerkungen.

In dieser Art von Schriften stehen Herr von Marivaux in Frankreich, und Herr Fielding in England oben an. Und man kann sagen, daß sie dadurch, daß sie dieselbe mit dem besten Theile der komischen Kunst bereichert, sie zur Vollkommenheit gebracht haben.

* Ein Vers des Lord Lansdown.   P.

35 Lely stahl das schmachtende Auge — auf die Leinwand hin rc. Dieses war das Unterscheidungs-Zeichen dieses vortreflichen Coloristen; der ein ungemeiner Kenner der Manieren war.

36 Den Ton auf jeder matten Seite beben rc. Die Belagerung von Rhodis, von Sir William Davenant, die erste Oper, welche in England gesungen ist.   De.

dem Staat [37]; stehen jetzt für die Rechte der Krone, itzt für die Gesetze des Landes; unglückliche Wirkungen einer gleichen edlen Ursache [38]!

Anmerkungen.

[37] Ergeben uns itzt ganz dem Vergnügen, itzt ganz der Kirche und dem Staat. Die erste Hälfte der Regierung Carls des II. verfloß in einer ausgelassenen Lüderlichkeit der Sitten; die andre in aufrührischen Streitigkeiten über papistische Complots, und französische Vorrechte.

[38] Unglückliche Wirkungen einer edlen Ursache! D. i. Die Liebe zur Freyheit — Herr Voltaire schreibt aus England also an einen Freund in Paris: "Ich war vorher gesonnen, unsern armen Heinrich auf meine eigne Kosten in England drucken zu lassen; aber der Verlust meines Geldes ist ein trauriges Hinderniß dieses Vorsatzes. Ich trage Bedenken, den Weg der Subscriptionen durch Vorschub des Hofes zu versuchen. Ich bin der Höfe überdrüßig. Alles was König ist, oder einem König angehöret, schreckt meine republikanische Philosophie zurück. Ich möchte in dem Lande der Freyheit nicht den geringsten Zug aus dem Becher der Sklaverey thun; ich habe frey angeschrieben, und ich will es immer thun; da ich keine Ursache habe, mir Gewalt zu thun. Ich fürchte, ich hoffe nichts von ihrem Lande: alles, was ich wünsche, ist, sie einmal hier zu sehen. Mit dieser angenehmen Hoffnung unterhalte ich mich. Wenn sie nur ein Traum ist, so lassen sie mir den Genuß desselben: nehmen sie mir meinen Irrthum nicht; lassen

Die Zeit war da, wo der vernünftige Engländer seine Bediente weckte, um fünf Uhr
aufstand, seine Familie unterrichtete, und seine
Frau in die Kirche, seinen Sohn in die Schule sandte. Er ließ es seine Sorge seyn, Gott
eben so sorgfältig zu dienen, als seine Väter;
seinen Sohn ihre Tugenden und Sparsamkeit
zu lehren, ihm zu beweisen, daß Ueppigkeit
ein schlechtes Ende nimmt, und sein Geld auf
sichere Verschreibung zu belegen. Itzt sind die
Zeiten ganz anders, und ein poetischer Kitzel
hat den Hof und die Stadt, den Armen und
den Reichen ergriffen: Söhne, Väter und
Großväter, alles will den Lorbeer tragen; uns-

Anmerkungen.

Sie mich glauben, daß ich das Vergnügen haben
werde, Sie in Londen zu sehen, wo sie den starken
Geist dieses unerklärlichen Volkes einziehen. Sie werden seine Gedanken besser übersetzen, wenn Sie unter
demselben leben. Sie werden eine Nation sehen, welche ihre Freyheit zärtlich liebt, gelehrt, witzig ist, und
Leben und Tod verachtet; eine Nation von Philoso-
phen. Freylich sind auch einige Narren in England.
Jedes Land hat dergleichen. Es mag seyn, daß französische Thorheit angenehmer ist, als englische Raserey;
aber bey — englische Weisheit, und englische Ehrlichkeit übertrift die ihrige.

re Frauen lefen den Milton, und unfre Töchter lefen Luftfpiele: fie drengen fich zu den
Schaubühnen und Proben, und unfer ganzes
Tifchgebet befteht in einem Liede. Ich felbft
rede nicht wahr, * * felbft lüget nicht gröber,
als ich, fo oft ich den Mufen entfage. Wenn
wir der Mufe müde, unfre Thorheiten am
Abend befeufzen, und unfern beften Freunden
verfprechen, nicht mehr zu reimen; fo erwa-
chen wir den nächften Morgen in einer Rafe-
rey, und fodern Feder und Dinte, um unfren
Kopf zu zeigen ³⁹.

Wer Meifter wird, war vorher Lehrling ⁴⁰;
Ward ⁴¹ verfuchte feine Tropfen erft an Hun-

Anmerkungen.

³⁹ Unfern Kopf zu zeigen. Der Text hat *to
bew our Wit.* Die Stärke diefes Ausdruckes beftehet
in der Zweydeutigkeit — zu zeigen, wie ftandhaft wir
in unfern Entfchlüffen find, oder zu zeigen, was für
fchöne Verfe wir machen können.

⁴⁰ Wer Meifter ift, war erft Lehrling. Der
Dichter hat hier der Eleganz des Originals auch Geift
und Lebhaftigkeit gegeben, ohne von der Treue der
Ueberfetzung abzugehen.

⁴¹ Ward. Ein bekannter Empyricus, deffen Pil-
len und Tropfen verfchiedene erftaunliche Wirkungen

ben und Armen. Selbst, Radclifs Doctors
reisen erst nach [42] Frankreich, und unterstehen
sich nicht eher zu curiren, bis sie tanzen können. Wer bauet eine Brücke, ohne Pfeiler gesetzt zu haben? (Wollte es Rippley versuchen,

---

Anmerkungen.

hatten, und eine Hauptmaterie waren, worüber damals geschrieben und geredet wurde.   P.

Der Dichter hatte die Absicht, dem Herrn Warb
eine Ehre zu erzeigen, indem er auf ihn den medicinischen Spruch deutete.

periculum faciamus in corpore vili.   Scribl.

42. Selbst Radcliffs Doctors reisen erst &c.
Er will gar nicht sagen, daß diese reisende Doctors
ihre Zeit übel angewendet hätten. Radcliff hatte sie
zu einer medicinischen Mißion verschicket, um die
Producte aller Länder zu untersuchen, und zu sehen,
in wie fern sie der Heilungskunst diensam gemacht werden könnten. Die eigene Waare Frankreichs ist das
Tanzen. Mercurialis räumet den Gymnastischen
Bewegungen, wovon dieses ein Theil ist, eine noth-
wendige Stelle unter den non-naturalibus ein, (eine
Benennung, worunter die Aerzte Luft, Bewegung,
Diät u. s. w. verstehen, als wenn die natürliche Art
gesund zu seyn, von der Arzneykunst herkäme,) und
die Würde und Vortreflichkeit der Gymnastischen
Bewegung ist gelehrt und sorgfältig in der schönen
Dissertation über das Tanzen im 13ten Kapitel
des 2ten Bandes von dem Leben des Königs Da-
vid ausgeführet.   Scribl.

ſo würde die ganze Welt lachen) aber alle,
die ſchreiben können, und nicht können, alle
reimen, und ſchreiben und ſchmieren.

Jedoch, Herr! bedenke, daß dieſes Unglück
nicht groß iſt; dieſe Raſenden ſchaden weder
der Kirche, noch dem Staate: oft iſt die Thorheit den Menſchen vortheilhaft, und der Geiz
ſteckt ſelten die dichtriſche Seele an. Laß dem
Dichter nur ſein Spielzeug, die Feder; ſo
wird er ſelten mit andern ein Rebell oder Anführer: Er wird ſich um die Flucht der Caſſie-
rer oder des Geſindes nicht bekümmern; und
von keinem Verluſt wiſſen, ſo lange die Muſe
ihm gütig iſt. Er überläßt es dem Peter, einen Freund, oder den Ward zu betrügen; der
gute Mann ſcharrt nichts, als Verſe zuſammen,
genießt in Ruhe ſeines Gartens und ſeines Buches, und iſt — ein vollkommner Einſiedler
im Eſſen.

Zwar möchteſt du glauben, daß der Mann,
der das in Verſen ſagt, was andre in Proſe
ſagen,

sagen, wenig nütze [43]; aber laß mich zeigen,
daß ein Dichter nicht unbrauchbar ist, und,
ob er schon nichts weniger, als ein Soldat
ist [44], dennoch seinem Staate dienet. Was
kann ein Kind leichter lernen, als ein Lied?
Was kann einen Ausländer besser die Sprache
lehren, was er lang, was er kurz aussprechen;
Popens W. B. 5.   J

Anmerkungen.

[43] **Wenig nütze.** Es ist in den folgenden Versen
eine Bitterkeit, worauf das Original kein Absehen
hatte.

[44] **Und ob schon kein Soldat ꝛc.** Horaz hatte
sich in diesem Amte nicht gar löblich bewiesen: (non
bene relicta parmula) in der Schlacht bey Philippi.
Es ist offenbar, daß er in dieser ganzen Nachricht
von dem Character eines Dichters auf sich selbst zielet,
aber mit einer Vermischung von Ironie: Vivit siliquis
et pane secundo hat eine Beziehung auf seinen Epi-
curismus; os tenerum pueri, ist Spötterey: der bessere Dienst eines Dichters folgt hernach: Torquet ab
obscoenis. Mox etiam pectus. Recte facta refert etc.
welches der Nachahmer dem zueignet, dem es, seiner
Meynung nach, besser zukommt, als ihm selbst. Er
hoffet, daß man ihm vergeben werde, wenn er, wie
er lobet, was Lob verdienet, so auch tadelt, was
werth ist, getadelt zu werden.   P.

auf welche Stelle er den Ton ſetzen, und wie
er mit einiger Anmuth öffentlich reden ſoll?
Für ſo nichtswürdig kann ich ihn nicht halten,
wenn er nicht vielleicht ein Ungeheuer vom Könige lobt; oder mit Tugend oder Religion
Spott treibet, um einem lüderlichen oder un-
gläubigen Hofe zu gefallen. Unglücklicher Dryden [45] ! — In der ganzen Zeit Carls kann
ſich Roscomnon allein eines unbefleckten Lor-
beers rühmen; und unſre Tage, (wenn man
einige Verſe im Tone des Hofes überſehen will)
leſen kein reineres Blatt, als Addiſons [46].
Er führet unſre Jugend von dem unſtätigen

Anmerkungen.

[45] **Unglücklicher Dryden** — Daß er plötzlich
innen hält, nachdem er den Dryden genannt, hat eine
große Schönheit. Die Zärtlichkeit des Dichters für
ſeinen Lehrer iſt dadurch ausgedrückt, daß er ſeine Sache allgemein macht; und ſeine Ehrerbietung ge-
gegen denſelben dadurch, daß er ſeine Sache zu einer
beſondern macht, als wenn er der einzige wäre, der
Mitleiden verdiente.

[46] **Wenn man einige Verſe im Ton des Hofes überſehen will.** Wir müſſen dieſes nicht ſo verſtehen, als wenn er ein Mißfallen über Addiſon be-

Geschmack zurück [47], und bringet die Leidenschaften auf die Seite der Wahrheit, bildet

J 2

Anmerkungen.

zeigte, weil er die Tugenden der gegenwärtigen königlichen Familie pries. Es beziehet sich auf einen gewissen Umstand, worinn er von diesem liebenswürdigen
Dichter glaubte, daß er nicht so aufrichtig gehandelt
hätte, als seinem Charakter anständig war.

Als Herr Addison 1713 seinen Cato fertig hatte,
gab er ihn dem Herrn Pope, um sein Urtheil zu hören. Unser Dichter, welcher die Sentiments vortreflich, aber die Handlung nicht theatralisch genug fand,
sagte ihm seine Gedanken aufrichtig, und erinnerte ihn,
daß er besser thäte, wenn er ihn nicht auf die Bühne brächte, sondern als ein claßisches Werk drucken
ließe. Herr Addison billigte diesen Rath; und schien
ihm folgen zu wollen. Aber bald hernach kam er zu
Herr Popen, und sagte ihm, einige Freunde, die er
nicht beleidigen wollte, bäthen ihn inständig, sein
Stück aufführen zu lassen. Doch versicherte er den
Herrn Pope, daß es gar nicht aus einer parteylichen
Absicht geschähe, und bath ihn, in diesem Stück den
Schatzmeister und Secretär zu beruhigen; Zugleich
gab er ihm das Gedicht, um es ihnen zum Lesen zu
überreichen. Unser Dichter richtete diesen Auftrag
aufs freundschaftlichste aus; und das Stück sowohl,
als die Vorstellung desselben fanden ihren Beyfall.
In dem ganzen Betrieb dieser Sache fürchtete sich Addison so ungemein, man möchte ihn einer Parteyab-
sicht beschuldigen, daß er, als Pope auf sein Verlangen den Prologen schrieb, und darinn gesagt hatte;

das weiche Herz mit der ſanfteſten Kunſt, und
gießt jede menſchliche Tugend in unſre Bruſt.

Anmerkungen.

"Britten, erhebet euch, „ ſehr beſorgt wurde,
meynte, man würde das Volk zum Aufruhr aufwie-
geln heißen, und ihn ſehr bath, er möchte den Ausdruck ein wenig gelinder machen. Deswegen wurde er
ſo verändert, wie er itzt iſt — Britten, merket
auf, — wiewohl mit Koſten des Verſtandes und der
Lebhaftigkeit. Dem ohngeachtet fand Herr Addiſon
für gut, ſchon im folgenden Jahre, als die itzige hohe Familie zur Thronfolge kam, ſich ein Verdienſt
aus dem Cato zu machen, als wenn er ihn vorſetz-
lich und in der Abſicht geſchrieben hätte, ſich den Ent-
würfen einer Faction zu widerſetzen. Sein Gedicht an
die Prinzeßin von Wallis fängt ſo an: "Die Muſe,
welche oft befeurt von heiliger Entzückung, großmüthige Gedanken der Freyheit eingegeben, und in kühner Erhebung für die Geſetze Britaniens, den großen
Cato für die Sache ihres Vaterlandes hat auftreten
laſſen; bezeugt dir itzt ihre Ehrerbietung. „

Ibidem. **Kein reineres Blatt, als Addiſons.**
Addiſons Charakter, als ein Gelehrter, iſt ſehr falſch
angegeben, wie es gemeiniglich mit Charakteren gehet,
wenn man ſie im Ganzen überhaupt nimmt. Er war
nur ein mittelmäßiger Dichter, und ein noch ſchlech-
terer Kunſtrichter. Seine Verſe ſind ſchwerfällig und
ſeine Kenntniß der Menſchen und Bücher ſeicht.
Aber in der Luſtigkeit komiſcher Ebentheuer, und in
der Würde moraliſcher Allegorien iſt er unnachahm-
lich. Die Natur hatte in ihm, ſo wie vor ihm in

Irrland mag sagen, wie der Witz seine Sache verfochte, seinen Handel unterstützte, und seine mangelhaften Gesetze ergänzte; und dann aus Dankbarkeit auf Swifts Grabmaal diesen Vers setzen: "Ein Dichter rettete die Rechte, welche ein Hof angrif. „ Siehe, wie der, der eine Nation heilete, seine Hand ausstreckt, um dem Sinnlosen und Armen zu helfen [48], das

J 3

Anmerkungen.

dem Lucian, (dem die Weisheit des ersten fehlte, sich seiner Talente recht zu bedienen) das Erhabene des Plato mit dem Witz des Menander verbunden.

47 **Von dem Geschmack am Unflätigen zurück.** Dieses beziehet sich, zur Nachahmung des Originals, auf den wahren Dichter, Torquet ab obscoenis, und auch auf Addisons Blätter in dem Tatler, Spectator, und Guardian; deren Charakter in der vorhergehenden Anmerkung bezeichnet ist. Aber ihre Vortreflichkeit mag man daraus abnehmen, daß sie diesem ungeheuren Haufen von rohen, und unverdauten Dingen, unter welche sie gemischt sind, in Credit erhalten haben.

48 **Dem Sinnlosen und Armen.** Eine Stiftung zum Unterhalt der Sinnlosen und ein Fond zur Beysteuer der Armen, wo kleine Summen auf Begehren ausgeliehen werden. **P.**

ſtolze Laſter zu brandmaalen, oder das beleidigte Verdienſt zu ſchmücken, und ſeinen Glanz
bis auf eine noch ungebohrne Nachwelt ſpielen
zu laſſen. Noch andre ſind da [49], welche andre Palmen verdienen; Hopkins und Sternhold [50] erwecken das Herz mit Pſalmen; die
Knaben und Mädchen, welche die chriſtliche
Liebe unterhält, erſehen in ihren pathetiſchen
Liedern unſern Beyſtand. Wie könnte die Andacht auf dem Lande zu den Kirchenſtühlen
kommen, wenn die Götter ihr nicht ihre eigne
Muſe gegeben hätten? Der Vers erweckt ſie in
ihrer Muſſe, der Vers hilft ihnen arbeiten,

Anmerkungen.

[49] Freylich ſind auch andre. Nichts kann wahrhaftig ſatiriſcher, oder witziger ſeyn, als alles folgende. Dennoch iſt in der edlen Ehrbarkeit, oder doch,
dem Schein einer Ehrbarkeit, welches hier einerley
iſt, ein ungemein viel ſchönerer Geſchmack.

[50] Sternhold. Einer von den Verſificateurs der
alten Pſalmenlieder. Er war ein Hofmann und
Guarde-Robe-Diener bey Heinrich VIII. und Kammerdiener bey Edward VI. Fuller ſagt in ſeiner Kirchen-
Hiſtorie, er ſey für einen vortreflichen Dichter
gehalten worden.

oder singet den Pabst und den Türken zu Boden. Der Priester verstummt, so bald der mächtige Gesang erklingt, und fühlet die Gnade, die er umsonst erbethete. Der Segen dringt durch den ganzen singenden Haufen, und der Himmel wird durch Gewalt des Gesanges erstürmet.

Unsre ländlichen Vorfahren [51], zufrieden mit wenigem, und Freunde der Arbeit, welche sich mit Ruhe beschloß, feyerten den Tag, wo sie ihr jährliches Korn einbrachten, mit Gastmählen und Opfern, und einem dankbaren Liede. Ihre Weiber, ihre Söhne und Knechte, die ihre Arbeiten erleichterten, und einen Theil ihrer Sorgen trugen, theilten auch das Vergnügen mit ihnen. Der Scherz, die Freude, die

J 4

Anmerkungen.

51. Unsre ländlichen Vorfahren. Dieses ist fast buchstäblich und zeigt, daß die Schönheit und der Geist, die in diesen Gedichten so sehr bewundert werden, nicht so sehr der Freyheit im Nahahmen, als dem größern Genie des Nachahmers zuzuschreiben sind.

den Becher bedienen, erheiterten jede Stirn,
und öffneten jedes Herz. Mit dem Anwachs
der Jahre wuchs auch der angenehme Muth-
willen, und goß ſich in unſchuldigen Spott-
reden aus: aber verderbte Zeiten, und die
zum Böſen geneigte Natur gaben dieſem Spott
einen Stachel, welcher verwundete; dann zer-
fielen Freunde mit Freunden, und Familien
mit Familien, und triumphirende Bosheit ra-
ſete im ganzen Privatleben.　Wer Beleidigung
fühlte oder fürchtete, machte Lärm, wandte
ſich an die Geſetze, und die Gerechtigkeit reich-
te ihm ihre Hand.　Zuletzt, durch eine heil-
ſame Furcht vor den Geſetzen gezügelt, lernten
die Dichter gefallen und nicht verwunden.　Die
meiſten traten auf die Seite der Schmeicheley [52];
aber einige gewiſſenhaftere blieben bey ihrer

Anmerkungen.

[52] Die meiſten traten auf die Seite der ꝛc.
Dieſe beyden Zeilen haben zwar ein Beziehen auf das
Original, doch ſind ſie ein Zuſatz.　Sie ſchienen nöthig zu ſeyn, für die Geſchichte des Urſprungs und
Fortganges des Witzes: und wenn man Acht hat, wird
man finden, daß ſie zu der Hauptſache des Dichters,
der die Dichtkunſt dem Schutz der Obrigkeiten

Freymüthigkeit, und enthielten sich der Beleidigung. Hieraus entstand die Satire, welche
genau den Mittelweg trift, und die Wunden,
welche ihr Witz schlägt, durch Sittenlehren heilet.

Wir überwunden Frankreich [53]; aber unsre
Gefangene bezauberte uns, und ihre siegreichen
Künste triumphirten über unsre Waffen. Britannien hörte auf, eine Feindin schöner Ver-
besserungen zu seyn, der Witz wurde fein, und
die Verse flossen reiner. Waller schrieb flies-

J 5

Anmerkungen.

anpreisen will, viel beytragen. Wenn Horaz darauf gedacht hätte, so würde er eben das gesagt
haben.

53 **Wir überwanden Frankreich.** Das Exempel,
welches der Dichter hier giebt, um das Beyspiel des
Originals zu ersetzen, ist nicht so glücklich. Doch
könnte man mit Wahrheit sagen, daß unsre Händel
auf dem vesten Lande uns mit den Provincial Dich-
tern bekannt machten, und den Chaucer hervorbrach-
ten. Ich wundere mich nur, da er ein solches Exempel vor sich hatte, von einem Dichter, der die Grob-
heit seiner Zeit so sehr polirte, daß er sich derselben
nicht bediente, um den Sinn des

    Defluxit numerus Saturnius, et grave virus
    Munditiae pepulere:

zu paraphrasiren.

fend ⁵⁴; aber Dryden mußte den abwechſeln-
den Vers, die volltönige Zeile, den langen
majeſtätiſchen Gang und den göttlichen Nachdruck zu vereinigen. Doch blieben noch einige
Spuren von unſrer bäuriſchen Poeſie und
krummfüßigen Verſen, und wenn werden ſie
nicht mehr ſeyn?

Nur ſpät, ſehr ſpät, ſahen wir auf Richtigkeit der Sprache, als die müde Nation ſich von
dem Bürgerkriege erholte, und der richtige
Racine, und das edle Feuer des Corneille uns
zeigten, daß Frankreich etwas beſaß, was Bewunderung verdiente. Zwar wir ſelbſt beſaßen
den tragiſchen Geiſt, der im Shakeſpear völlig, im Otway ziemlich glänzte; aber Otway verſtand die Kunſt nicht, zu feilen, oder
zu verſchönern, und der ſtrömende Shakeſpear

Anmerkungen.

⁵⁴ **Waller ſchrieb fließend.** Waller überſetzte
um dieſe Zeit mit Hülfe des Grafen von Dorſet,
Herrn Godolphins, und andrer, den Pompejus des
Corneille; und die richtigſten franzöſiſchen Poeten fien-
gen an, in Anſehen zu kommen.

strich keine Zeile aus. Selbst der reiche Dryden 55 wußte diese Kunst nicht, oder vergaß
sie; diese letzte und größte Kunst auszustreichen.
Einige zweifeln, ob die bescheidnere Muse des
Lustspieles gleiche Mühe, oder gleiches Feuer
erfodere 56. Ich aber glaube, daß bekannte

Anmerkungen.

55 Selbst der reiche Dryden. Reich machte den
Fehler noch größer. Denn wenn ein Schriftsteller
viel Sachen im Vorrath hat, so ist er nicht zu entschuldigen, daß er sich nicht der leichten Pflicht los-
macht, das Beste auszusuchen.

56 Einige zweifeln, ob die rc. Im Trauerspiel ist es
die Handlung, und im Lustspiel sind es die Sitten,
welche uns am meisten aufmerksam machen. Aber es
ist leichter eine Handlung anzulegen und auszuführen,
als Sitten zu zeichnen, und ihnen ihr Colorit zu geben. Außerdem entwischen unsrer Bemerkung die falschen Sitten im Trauerspiele, weil wir mit dem hohen Leben nicht bekannt sind; aber eine unnatürliche
Handlung im Lustspiel bleibt keinem verborgen. Daher kömmt es, daß die Schwürigkeit einer glücklichen
Ausführung auf die Seite des komischen Schriftstel-
lers fällt. Um diese Anmerkungen zu erhärten, frage
ich nur, woher kömmt unser Mißfallen, wenn die
Scene in der Comödie ein fremder Ort ist, und im
Trauerspiele sich in unserm Lande befindet? Anfangs
scheint es etwas eigensinniges zu seyn, und bloß von
unserm Einfall abzuhängen; allein es hat wirklich sei-

Gemälde nach dem Leben gezeichnet, mehr Arbeit verlangen, je geringer bey ihnen die Nach-
ſicht iſt. Sehet nur, wie ſelten ſie auch dem
Beſten gelingen. Saget mir, ſind die Narren
des Congreve, in der That Narren? Wie albern, wie platt ſind Farq'uars Geſpräche!
Wie wenig Anmuth hat Van, der doch ſo viel

Anmerkungen.

nen Grund in der Natur. Wir ſuchen hauptſächlich
in dem Luſtſpiele ein wahres Bild des Lebens und
der Sitten; aber wir laſſen uns nicht leicht auf die
Gedanken bringen, daß man uns ein ſolches gegeben
habe, wenn es in auswärtigen Moden eingekleidet iſt.
Und doch muß ein guter Scribent ſich nach ſeiner
Scene richten, und den Anſtand beobachten. Hingegen im Trauerſpiel iſt es die Action, worauf wir
Acht haben. Wenn wir aber einen Vorfall aus unſrer Landesgeſchichte auf die Bühne bringen wollen, ſo
müſſen wir uns größere Freyheiten in Anſehung der
Handlung nehmen, als eine bekannte Geſchichte erlauben will. Es kann auch noch ein andrer Grund
angegeben werden, warum wir dieſe umgekehrte Ver-
faſſung der Scene nicht billigen. Die Comödie lenkt
ſich ſehr zur Satire, das Trauerſpiel aber zur Lobrede: und unſre natürliche Bosheit wird weit eher
erlauben, daß wir das Lächerliche unter uns ſuchen,
als das Heroiſche.

Wiß hat! Wie frech betritt Aſträa [57] die
Bühne, und führet alle Perſonen ohne Um-
ſtände ins Bette! Und der leere Cibber, wie
beleidiget er die Regeln, um den armſeligen
Pinky mit ungeheuren Beyfall eſſen zu laſſen!
Doch wenn der Poet nur ſeine Taſchen gefüllet,
ſo iſt er fertig; gleichgültig, wodurch, ob durch
Pathos, oder durch Poſſen.

O! ihr, die ihr, getrieben vom Winde [58]
des Lobes, auf dem leichten Nachen der Eitelkeit nach Ruhm ausſegelt, mit welchem veränderlichen Winde ſetzet ihr euren Lauf fort;

Anmerkungen.

[57] **Aſträa.** Ein Name, den Frau Behn angenommen hat, eine Verfaſſerin verſchiedener ſchmutzigen Schauſpiele.   D.

Die feine Metaphor des non Aſtricto iſt durch das
zweydeutige Wort im Texte (*loofely*) ſehr verſchönert.

[58] **O ihr! die ihr getrieben vom Winde ꝛc.**
Die Metapher iſt ſchön, aber erreicht das Original
nicht. Ventoſo gloria curſu hat ein glückliches Anſehen von Spötterey, welche durch die Anſpielung
auf den römiſchen Triumph noch erhoben wird. Es

immer bald zu verzagt, bald zu ſtolz! Wer
nach Ehre geizet; findet nur eine kurze Ruhe;
ein Athem erweckt ihn, ein Athem wirft ihn
zu Boden. Gehab dich wohl, o Bühne! wenn
bloß das Gedeihen des Schauſpiels beſtimmet,
ob der arme Dichter fett oder mager ſeyn ſoll!

Und zur Quaal des Poeten iſt noch überdem
das vielköpfige Ungeheuer des Parterrs da; ein
Haufen ohne Verſtand, ohne Verdienſt, ohne
Ehre; der ſtolz darauf, Höhere zu ſtören, ehe
noch zehn Zeilen geredet ſind, ſeine Stöcke zuſammen ſchlägt, und das Poſſenſpiel fodert;
den Bären, oder den Black-joke. Mit wel-

Anmerkungen.

hat auch eine große Schönheit, wenn es ernſthafter
genommen wird, wie es nämlich den Dichter als einen Sklaven des Ruhms vorſtellet: Quem tulit ad
scenam — Gloria, wie es bey Triumphen gebräuchlich
war. In andern Stücken hat die Nachahmung den Vorzug.
Sie iſt angemeſſener. Denn ein Dichter betritt zuerſt
die Bühne nicht gleich, zum Triumph, ſondern um
ſein Glück zu verſuchen. Doch das "wenn das
Herz nach Ruhm ſchlägt„ iſt weit ſchöner, als das
Original.

chem süßen Vergnügen siehet der Britte das
Possenspiel, sonst der Geschmack des Pöbels,
aber ist der Geschmack der Lords, (der Geschmack, der immer seinen Sitz verändert, von
dem Kopf zu den Ohren, und ist von den
Ohren zu den Augen ziehet) 59. Das Lustspiel
hält innen: weg mit der Action! weg mit den
Reden! Die Scenen fliegen zurück, und Reu-
ter und Fußknechte treten auf: ein Pomp nach
dem andern, in langer Reihe, Pairs, Herolde,
Bischöfe, Hermelin, Gold, Treßen, und auch
der Kämpfer! und um den Spaß vollkommen
zu machen, blitzt Edwards Panzer 60 auf

Anmerkungen.

59 Vom Kopfe zu den Ohren, und nun von
den Ohren ꝛc. Von Schauspielen zur Oper, und
von der Oper zur Pantomime.

60 Und Edwards Panzer blitzt auf Cibbers
Brust ꝛc. Die Krönung Heinrichs des Achten, und
und der Königinn Anna Bullen, worinn die Comö-
dienhäuser in die Wette stritten, allen Pomp der Krönung vorzustellen. In diesem edlen Streite wurde der
Harnisch eines der Könige von England aus dem Tower geliehen, um den Kämpfer zu bekleiden.
                                                    P.

Cibbers Bruſt! Democritus wäre vor Lachen
geſtorben, hätte er geſehen, wie die Zuſchauer
Mund und Naſen aufſperren. Nicht der Bär,
nicht der Elephant, ſo weiß er immer ſey,
das Volk, das Volk verdient, geſehen zu
werden! Ach! unglücklicher Dichter! greif
deine Lungen an, brülle; dieſer Bär, oder
dieſer Elephant wird dir eher zuhören, als die
Gallerie, die alle Hälſe ausſtreckt, und das
Parterre, das ſeine Stimme, wie einen Don‐
ner, erſchallen läßt. So laut die Wölfe von
Orcas [61] ſtürmiſchen Felſen zu dem Getöſe der
Nordſee heulen, ſo laut iſt das Geſchrey, die
lange

Anmerkungen.

Ibid. Edwards Panzer. Die Poeſie der Beſchrei‐
bung iſt das ſchlechteſte Werk eines Genies. Wenn
ſich daher Herr Pope damit abgiebt, ſo ſchlägt es ihm
niemals fehl, daß er nicht, wie hier geſchehen, die‐
ſelbe mit einem oder dem andern moraliſchen Zuge
verſchönern ſollte.

61 An Orcas ſtürmiſchen Felſen. Das äußerſte
nordliche Vorgebirge von Schottland, den Orcaden
gegen über.   P.

lange Stimme des Beyfalls, wenn Quin mit
der hohen Feder, oder Oldfield im Unterrock
erscheint; oder wenn der Acteur in den schim-
mernden Gallakleidern verlohren, die etwa der
Hof ihm geschenkt hat, die Last kaum tragen
kann. Booth erscheint — Welch ein allge-
meines Freudengeschrey! "Aber hat er gere-
" det?„ Nicht eine Silbe! Was erregte denn
den Lärm der Schaubühne, worüber sperrte
das Volk Nasen und Mund auf? Ueber Catons
langer Perücke, beblümten Mantel und lackier-
ten Stuhl.

Doch, damit man nicht denke, daß ich mehr
spotte, als lehre, oder boshaft Künste lobe,
die mir zu hoch sind; so erlaube man mir ein
mal die Vermessenheit, die Welt zu unterrichten, wie sie den Dichter von dem Reimer unterscheiden muß. Der ist ein Dichter, der mein
Herz in tausend Schmerzen versetzen, der mich
alle Leidenschaften, die er erdichtet, empfinden lassen kann; der mich mit mehr, als
magischer Kunst, in Muth setzt, und mein Herz
mit Mitleiden und Schrecken zerreißt; der

Dodens W. B. 5.   K

mich über die Erde, oder durch die Luft fort;
so oft es ihm gefällt, und wohin er will, nach
Theben oder Athen reißet 62.

Aber nicht dieser Theil des poetischen Staates allein verdienet die Gunst der Großen.
Denke, o Herr! an diejenigen Verfasser, welche sich mehr auf den Verstand der Leser, als
auf das Auge des Zuschauers verlassen. Wer
wird sonst dahin gehen, wo die Musen singen?
Wer wird ihren Berg zu ersteigen, oder ihre
Quelle zu kosten verlangen? Wie wollen wir
eine Bibliothek mit Gedichten anfüllen 63, da

Anmerkungen.

62 Nach Theben, nach Athen rc. D. i. Er ist
mit den Sitten der entferntesten Völker gleich gut
bekannt; und besitzt die Geschicklichkeit, diese Sitten
mit Anstand zu gebrauchen.

63 Eine Bibliothek.　Munus Apolline dignum.
Die palatinische Bibliothek, welche Augustus damals
anlegen ließ.　　　　　　　　　　　　P.

Merlins Grotte [64] noch nicht halb voll ist?
Ich weis es, Herr! warum du dich wenig um
Schriftsteller bekümmerst; und die Dichter mögen es mir vergeben, wenn ich sage, worinn
sie fehlen. Wir Dichter sind, (bey meiner
poetischen Treue) unter allen Menschen die
wunderlichsten Geschöpfe: wir wissen niemals
die Zeit, wenn wir kommen und gehen, singen oder aufhören sollen; und wenn wir von
zehen neun Stunden lang lesen wollen, so ver-
lierest du, wie jeder andrer Mensch, die Ge-
duld. Auch schaden wir uns, wenn wir, um
einen einzigen Vers zu rechtfertigen, mit einem
Freunde zanken; ungebethen wieder anfangen,
bedauren, daß unser Witz für gemeine Augen
zu fein ist, und in jeder Zeile eine Schönheit
zeigen. Unser größester Fehler aber ist, wenn

K 2

Anmerkungen.

64 Merlins Grotte. Ein Gebäude in dem königlichen Garten von Richmond, wo eine kleine, aber
auserlesene Büchersammlung ist.   P.

wir uns mit gar zu ſchwachem Flügel anſtren-
gen, und mit Gewalt Briefe an den König
ſchreiben wollen; wenn wir von dem Augenblick an, wo wir der Stadt gefallen, von der
Krone eine Stelle oder einen Gehalt erwarten:
oder hoffen, auf ausdrücklichen Befehl zu Ge-
ſchichtſchreibern geſchlagen, um deine Triumphe
zu Waſſer und Lande zu ſchreiben, und an den
Hof gerufen zu werden, um ein göttliches
Werk, wie vormals für **Ludewig** **Boileau**
und **Racine,** zu entwerfen.

Doch da du ſo viele Tugenden gezeiget haſt,
ſo überlege, großer Monarch! ach! überlege,
welcher Dichter ſie am beſten beſingen könne?
Oder wähle wenigſtens einen Miniſter deiner
Gnade, der geſchickt iſt, den wichtigen Platz
des Laureaten zu beſetzen.

Carl, um ein ächtes Bild von ſich der Nachwelt zu hinterlaſſen, ließ den **Bernini** die Copey von ſeiner Geſtalt nehmen; und der große
Naſſau wählte die Hand des **Kneller,** um

ihn mit Anstand auf das tanzende Roß zu setzen; so wohl wußten sie die Künstler in der
Malerey und Bildhauerkunst zu wählen. Aber
es kann Königen die Einsicht fehlen, den Geist
in Gedichten zu beurtheilen 65. Wilhelm der
Held, machte den Blackmore zum Ritter, und
Carl der Märtyrer besoldete den Quarles.
Daher schwur der alte Ben, und gewiß würde
auch Dennis schwören, kein Lord habe das
Salbungsöl empfangen, sondern sey so dumm,
wie ein Russe.

So majestätisch, so kühn kann nicht der
Meissel die ehrwürdigen Gestalten eines Königs
oder siegenden Helden aus dem Marmor her-
vortreten lassen; als der Vers die Sitten und

K 3

Anmerkungen.

65 Aber es kann Königen die Einsicht fehlen,
den Geist in Gedichten. Hierüber darf man sich
nicht sehr wundern, weil der oberpriesterliche Charakter von dem königlichen getrennt ist. Diese Un-
terscheidung der Geister scheint itzt die Gabe der
Kirchenlehrer zu seyn.

die Seele geſchildert hat. O! könnte ich mich
auf dem mäoniſchen Flügel erheben, deine
Waffen, deine Thaten, deine Ruhe zu ſingen!
Welche Meere du durchliefeſt, welche Schlach-
ten du erfochteſt! wie oft du den Frieden deines Landes, und wie theuer, erkaufteſt! Wie
auf ein Wort von dir die barbariſche Wuth
ſchwieg, und den Nationen das Schwerd vor
Verwunderung aus den Händen ſank! Wie,
wenn du winkteſt auf dem Lande und auf dem
Meere, unvermerkt der Friede ſeinen Flügel
ausbreitete, und die Welt im Schlummer ver-
hüllte, wie die Enden der Erde dich als Mitt-
ler erkennen, und Aſiens Tirannen vor deinem
Thron zittern. — Aber ach! deine Majeſtät
verſchmähet den Vers; und ich bin des Tons
der Lobreden nicht gewohnt [66]. Das Lob der

Anmerkungen.

[66] Und ich bin des Tones der Lobreden nicht
gewohnt. Der Erzbiſchof Tillotſon hat geſagt:
"Satire, und Schmähung wären die leichteſten Arten des
Witzes, denn faſt jeder geringe Witz reiche zu, andre zu mißhandeln und Fehler zu finden. Denn der Witz, ſagt er, iſt
ein ſcharfes Inſtrument, und jedermann kann damit

Stümper beleidigt immer, aber am meisten das Lob der Stümper in Reimen. Außerdem hat alles, was ich schreibe das Unglück, daß,

K 4

Anmerkungen.

schneiden. Aber ein schönes Bild schneiden, und es poliren, erfodert große Kunst und Geschicklichkeit. Irgend etwas wohl loben, ist eine Sache, die mehr Witz erfodert, als es tadeln; ein kleiner Witz und viel Bosheit wird einen Mann zur Satire geschickt machen; aber der größte Beweis des Witzes ist der, wenn man wohl loben kann. „ So weit dieser Prälat: Ich hingegen wollte eben so gut sagen, die Satire sey das schwerste, und die Lobrede das leichteste: denn jeder Perückmacher kann kräuseln und scheeren, und jeder Barbierer kann Seifen zur Verschönerung der Haut machen; aber es erfodert die Geschicklichkeiten eines Anatomici, zu zergliedern, und das Innerliche des menschlichen Körpers zu eröffnen. Allein die Wahrheit zu sagen, diese Gleichniße beweisen nichts mehr, als die gute Einbildungskraft, oder die schlechte Beurtheilung dessen, der sie brauchet. Der eine ist eben so leicht, übel zu thun, und eben so schwer, wohl zu thun, als der andre. In unsers Verfassers Versuche über die Charaktere der Menschen sind das Lob des Lord Cobham, und die Satire auf den Lord Wharton, beyde Wirkungen eines und desselben großen Genies. Die Satire hat in der That einen Vorzug vor der Lobrede, den jedermann empfindet, nämlich: daß sie bereitwilliger aufgenommen wird; aber das beweiset nicht, daß sie leichter geschrieben wird.

wenn ich leben will, man ſagt, ich beiße.
Ein elendes Lob iſt eine doppelte Verſpottung:
nichts ſchwärzet mehr, als die Dinte des Thoren. Sagt es Wahrheit, wie betrübt iſt die
Gleichheit! und lüget es; "unverdientes Lob
"iſt ein verkleideter Schimpf:„ der es giebt
und der es annimmt, beyde müſſen erröthen;
und wenn ich ſchmeichle, ſo mögen meine
ſchmutzigen Blätter, (wie die Journale, Oden,
und ſolche vergeſſene Dinge, als Eusden,
Philips, Settle von Königen ſchreiben) das
Gewürz bekleiden, Koffers füttern, oder an den
Gittern von Bedlam und Soho in einer Reihe flattern!

Zweyte Epistel

des

zweyten Buches

des

Horaz,

Ludentis speciem dabit, et torquebitur.

HOR.

R i

Zweyte Epistel.

Liebſter Oberſter, Freund des Cobham und
Ihres Landes! Sie lieben die Verſe; leſen
Sie dieſe, ſo gut ich ſie ſenden kann. Wenn
ein Franzos zu Ihnen käme, ſeinen Knaben
anböthe, ſich bückte, und ſo ſpräche: "Dieſer
"Knabe ¹, Sir, iſt aus Blois: Sehen Sie,
"wie rein er iſt! Wie kraus ſeine Locken ſind!

Anmerkungen.

¹ **Dieſer Knabe, Sir, iſt aus Blois.** Eine
Stadt in Beauce, wo die franzöſiſche Sprache ſehr
rein geſprochen wird.

" er ist mein einziger Sohn! ich möchte gern,
" daß er die Welt sähe. Er spricht rein fran-
" zösisch; auch seine Stimme ist rein — lassen
" Sie ihn nur reden! Für zwanzig Pfund
" jährlich, Sir, ist er ihr Sklav: Ein junger
" Mensch, so weich, wie Wachs! Sie können
" ohne Mühe Ihren Barbier, Koch, Tapezie-
" rer, Sie können aus ihm machen, was Sie
" nur wollen. Ein Opernlied singt er wie ein
" Engel — Doch ich will nicht zu viel sagen;
" ich möchte meinen Credit verdächtig machen.
" Nehmen Sie ihn auf mein Wort, so wie er
" da ist. Er hat nichts mehr gewünschet, als
" einem Lord zu dienen: aber Sir, was wür-
" de ich nicht gern für Sie weggeben [2]? ob
" ich gleich freylich befürchte , daß seiner
" Mutter das Herz brechen wird. Einmal,
" (aber auch nur einmal) fieng ich ihn in

Anmerkungen.

[2] Aber was würde ich nicht gern für Sie rc.
Das Silbenmaas des Verses, (der lauter einsylbigte
Wörter hat,) drückt sehr gut aus, wie ungern man
das weggiebt, was man nicht wohl behalten kann.

" einer Lüge, und da war er so ehrlich, zu wei-
" nen, ohne einen Schlag bekommen zu haben.
"Den einzigen Fehler, den er an sich hat,
" will ich offenherzig gestehen, (wenn Sie den
"nur übersehen wollen) er stiehlet. „

Wenn Sie nach diesem Bekenntniß den bösen Knaben nehmen, könnten Sie sich beklagen,
wenn er seine Bosheit bewiese? Wahrhaftig,
wenn Sie in diesem Fall klagen wollen, so
glaube ich, Sir Godfrey [3] würde den Streit
entscheiden; Sir Godfrey, der den Dieb gehen ließ, welcher den Kasten gestohlen, und den
strafte, der ihm denselben in den Weg gesetzt
hatte.

Eben so müssen Sie mich beurtheilen. Bey
meinem Abschiede sagte ich, ich könnte nicht
schreiben; Sie sagten es selbst: widerrufen Sie

Anmerkungen.

3 Sir Godfrey rc. Ein berühmter Friedensrich-
ter, der sehr nach Art des Sancho Pancha richtete.
P. Sir Godfrey Kneller.

nun Gesetze, womit Sie selbst zufrieden waren?
Und wie? einen Vers zu dieser Zeit; denken
Sie, daß ich zu nichts anders tauge, als Ver-
se zu machen?

In den Kriegen der Anna [4] hatte ein armer alter Soldat mit vieler Mühe eine kleine
Goldbörse zusammen gebracht. In einer unglücklichen Nacht, als er sich, ermüdet von einem beschwerlichen Marsch, niederlegte, schlief
der arme Schelm ein, und verlohr alles bis
auf den letzten Heller. Dieser Verlust machte
ihn so verzweifelnd [5], daß er voll Rache, Be-

Anmerkungen.

[4] In den Kriegen der Anna. Viele Theile dieser Geschichte sind gut erzählet; das Ganze aber stehet
dem Original weit nach.

[5] Dieser Verlust machte ihn so verzweiflend.
(Wörtlicher: dieses brachte den Mann auf so verzweifelte Gedanken.) Ist weit unter dem Original:

Post hoc vehemens lupus, et sibi et hosti

Iratus pariter, *jejunis dentibus acer.*

die letzten Worte sind vornehmlich nett und scherzhaft.

gierde, Hunger und Zorn gegen den Feind, sich
selbst und alle Menschen, aus den Trencheen
sprang, die Mauer hinauf stieg, eine Fahne
niederriß, und die Vestung einnahm, mit allem,
was darinnen war. "Vortreflich!„ rief sein
großer Feldherr; ertheilte ihm viel Lob und ein
kleines Geschenk ⁶. Bald darauf wollte seine
Excellenz (den Namen weis ich nicht, und was
ist daran gelegen?) eine Stadt stürmen. "Geh,
" mein Freund, rief er, siehe jene Mauren!
" Geh! erobere sie! folge dem Ruf der Ehre!
" Je mehr Ehre, je mehr Belohnung für den
" Tapfern!„ Wissen Sie noch, was er antwortete? " Meynet ihr, Herr General, daß ich
" solch ein Narr bin? Laßt den Schlösser ein-
" nehmen, der keinen Heller hat ⁷. „

Anmerkungen.

⁶ **Ertheilte ihm viel Lob und ein kleines Ge-**
schenk. Um einen satirischen Zug anzubringen, hat
er hier den Umstand geschwächet, worauf die Wendung der Geschichte beruhete. Horaz ließ jenen weg,
ob gleich der geizige Character des Lucullus eine Ver-
suchung war, seine Spötterey auszulassen.

⁷ **Laßt den Schlösser einnehmen der keinen**
Heller mehr hat. Dieses hat weder die Stärke

In meiner Erziehung zu Hause 8 fieng ich
zeitig an, im Griechischen den Zorn des Peleiden

Anmerkungen.

noch die Angemessenheit des Originals. Horaz läßt
seinen Soldaten sagen:

ibit

Ibit eo, quo vis, qui Zonam perdidit.

Denn nicht seine Armuth, sondern sein Verlust trieb
ihn in die Gefahr; denn mancher ist bey jener ruhig,
der diesen nicht ertragen kann.   Was unsern Dichter
zu dieser Unrichtigkeit des Ausdruckes verführte, war,
daß es sich besser zur Anwendung schickte.   Aber einem großen Schriftsteller vergeben wir nichts! und
ein solcher sollte nie vergessen, daß der Ausdruck nicht
vollkommen ist, als wenn die Gedanken, die er ausdrücket, sich eben so sehr zur Erzählung, als zur Anwendung schicken: denn alsdenn giebt eine der andern Licht.

8 **In meiner Erziehung zu Hause.** Vielleicht
ist der Leser neugierig, von der Erziehung des Herrn
Pope etwas mehr zu wissen, als uns dieser Vers saget: und ob gleich weitläuftige Zusätze zu viel Kleinigkeiten für eine richtige Lebensbeschreibung haben
möchten, so werden sie doch diesen Noten nicht übel
stehen.   Er lernte sehr früh bey einer Tante das Lesen: und fand von der Zeit an bis in sein achtes Jahr
viel Vergnügen im Lesen.   Das Schreiben lernte er
für sich selbst, indem er gedruckte Schriften nachmal-
te, und

Anmerkungen.

te, und diese Buchstaben konnte er sehr geschickt nach-
zeichnen. Im achten Jahre wurde er einem gewissen
Priester, Taverner, untergeben, der ihn in den An-
fangsgründen der lateinischen und griechischen Sprache
unterrichtete: Von diesem wurde er nach kurzer Zeit
zu Twiford in eine Privatschule geschickt. Hier blieb
er fast ein Jahr, und kam in eine andre bey Hyde-
park-Corner. In diesen letzten verlernte er das wenige wieder, was er von dem Priester gelernt hatte.
Im zwölften Jahre gieng er mit seinem Vater nach
Windsor-Forest; wo er einige Monate unter der Aufsicht eines andern Priesters stand, und eben so wenig
lernte, als vorhin. Denn wie er zu sagen pflegte, er
könnte nichts lernen, was er nicht mit Vergnügen trieb:
und diese elende Pedanten verstanden die Kunst nicht,
aus seinem Studiren ihm einen Zeitvertreib zu machen. Mit dem Ueberreste dieses kleinen Vorrathes,
den er so schwer gesammlet, so bald verlohren hatte,
und, wie wir sehen werden, mit so vieler Mühe wieder lernte, fand er es endlich gut, sein eigner Lehrer
zu werden. Und itzt war die einzige Lehrart, die er
sich vorschrieb, das Lesen der klaßischen Schriftsteller,
woran er das meiste Vergnügen fand: so daß er, indem
er auf die Sachen aufmerksam war, mit einer starken
Wißbegierde, und einer eben so starken Liebe zur Poesie, das Lateinische und Griechische unvermerkt lernte.
Und was außerordentlich dabey war, sein Widerwille
wider allen Zwang in den gemeinen Lehrarten, hielt
ihn nicht ab, sich, da er itzt sein eigner Lehrer war,
aller Mühsamkeit und Arbeit, alle Augenblicke die Gram-
matik und das Lexicon nachzuschlagen, zu unterziehen.
Als er funfzehn Jahr alt war, hatte er in den gelehrten Sprachen eine gute Fertigkeit erlanget; und itzt

Popens W. B. 5. L

Anmerkungen.

bekam er Luſt, nach London zu gehen; um das Franzöſiſche und Italiäniſche zu lernen.   Seine Familie
(welche dagegen ſonſt nichts einzuwenden hatte, als
die Erhaltung ſeiner ſchwachen Geſundheit,) ſah das
für einen ſehr ſeltſamen Einfall an.   Allein er blieb dabey, und ſie gaben ihm nach: er kam in die Stadt,
und machte ſich mit erſtaunlicher Geſchwindigkeit dieſer
Sprachen mächtig.   Itzt lag der ganze Schatz des Par-
naſſus ihm offen; und zwiſchen dieſem und dem zwanzigſten Jahre war ſeine beſtändige Beſchäftigung das Leſen
der großen Dichter und Kunſtrichter in der lateiniſchen,
griechiſchen, franzöſiſchen Sprache.   Alle dieſe aber las
er ohne große Ordnung, ſo wie der Zufall ſie ihm in
die Hände brachte, oder wie ihn der Einfall, ohne Me-
thode, im Leſen leitete.   Weil er hier beſtändig ſeiner
Wißbegierde oder ſeinem Vergnügen nachhängen konnte, ſo redete er von dieſen vier bis fünf Jahren immer ſo, als wenn ſie die angenehmſten in ſeinem Leben geweſen wären.

Doch wollte ſein richtiger Verſtand nicht zugeben,
daß er lange eines ſo leichten und mangelhaften Unter-
richtes genoß.   Denn ein ſtarkes Gedächtniß und eine
genaue Beurtheilungskraft, welche zwar manchem Fehler deſſelben abhalf, machten jedoch, daß er alle Fehler deſſelben noch deutlicher einſah.   Im zwanzigſten
Jahre, da der Ungeſtüm ſeiner Lebhaftigkeit anfieng, ſeinem Genie zu erlauben, daß er ſich einem Zwange un-
terwürfe, lief er alſo alle Theile ſeiner Studien noch
einmal durch, vom erſten Anfange an, und zwar auf
eine regelmäßigere und kunſtmäßigere Art.   Er drang
bis auf die Gründe der Rede; er lernte den Unterſchied
der verſchiedenen Gattungen der Schreibart; er ſtudier-

leiden zu lesen ². Auch lehrte mich mein Vater von Kindheit an die bessere Wissenschaft,
das Gute vom Bösen zu unterscheiden: (und
gewiß, er hätte mich nicht wegsenden dürfen;
um in Maudlins gelehrten Hayn der Wahrheit nachzujagen!) Aber bedenklichere Punkte,
die wir nicht halb so gut verstanden, beraubten
uns bald unsrer väterlichen Zelle; und gewisse
Gesetze, welche den Leidenden unrecht dünken,
verschlossen uns alle Bedienungen und einträg.

L 2

Anmerkungen.

te das eigenthümliche Genie, und den Character eines
jeden Sprache; er brachte sein natürliches Talent zur
Poesie in die Form der Wissenschaft, und bemächtigte
sich derjenigen Theile der Philosophie, wodurch er sein
Genie am meisten bereichern konnte. Und alles dieses
mit unabläßiger Aufmerksamkeit, Arbeit und Strenge,
daß er zu sagen pflegte, er hätte sieben Jahre zugebracht,
(das ist von dem zwanzigsten zum sieben und zwanzigsten) alles das wieder zu erlernen, was er in zweymal
so viel Zeit begriffen hätte.

² Im Griechischen den Zorn des Peleiden zu
lesen. Dieser Umstand hat in der Nachahmung eine glücklichere Anwendung, als im Original; und
führet eine bald folgende Zeile ein.

liche Aemter. Die frommen Papisten verlohren
eine Hoffnung nach der andern, so lange der
donnernde Arm des mächtigen William herrsch-
te. Er sank, für seinen geerbten Glauben zu
Auflagen und Geldbußen verurtheilt, gelassen
zur Armuth herab; und mir halfen die Musen
dazu 10; denn er war ein offenbarer Papist,
und ich war ein Dichter. Aber seitdem ich,
Dank sey es dem Homer 11! ohne einem Prin-

Anmerkungen.

10 Er sank — gelassen zur Armuth herab. Es
war etwas ganz besondres in der Oekonomie seines Vaters. Er war ein Kaufmann, und wohnte in London.
Bey der Staatsveränderung ließ er die Handlung liegen, machte seine Effecten zu Gelde, welches sich auf
funfzehn, bis zwanzig tausend Pfund belief, und begab
sich damit aufs Land. Weil er ein Papist war, konnte
er nichts kaufen, noch sein Geld in Güter auf Zinsen
belegen; und weil er dem König Jakob anhieng, so machte er sich ein Gewissen, es der neuen Regierung zu lei-
hen: er behielt es also in seiner Casse, und lebte von dem
Capitale; bis um die Zeit, da sein Sohn die Erbschaft
antrat, fast alles ausgegeben war.

11 Aber, Dank sey dem Homer 2c. Er fieng
seine Ilias im fünf und zwanzigsten Jahre an, und
wurde in fünf Jahren fertig. Sie wurde zu seiner eignen Einnahme auf Unterzeichnung gedruckt. Er verkauf-

gen oder Pair schuldig zu seyn [12], habe, und
genug habe, würde ich der Sorge von zehn
Monroes [13] bedürfen, wenn ich lieber schmie-
ren, als schlafen wollte.

Jahre nach Jahren gehen dahin, und nehmen täglich etwas mit fort, und endlich rau-

L 3

Anmerkungen.

te sie dem Buchhändler Lintot auf folgende Bedingun-
gen: Daß er ihm zwölf hundert Pfund auszahlen, und
alle Exemplare für seine Subscribenten hergeben sollte.
Die Odyssee wurde eben so herausgegeben, und auf
gleiche Art verkauft; nur bekam er statt zwölf, sechs
hundert Pfund: in dieser letzten Arbeit halfen ihm
Broome und Fenton, dem ersten gab er sechs hundert,
dem andern dreyhundert Pfund.

12 Ohne einem Prinzen, oder Pair schuldig
zu seyn. Es würde in der That hart für einen Schriftsteller seyn, wenn die Unterzeichnung auf ein Buch,
welches seiner Zeit und seinem Lande Ehre macht, und
folglich einen Theil dieser Ehre den Subscribenten zurück giebt, für eine Schuld oder Verpflichtung angesehen werden sollte.

13 Monroes. Dr. Monroe, Arzt bey dem Hospi-
tal Bedlam.

P.

ben ſie uns uns ſelbſt. ¹⁴. In einem nehmen
ſie unſre Spiele, in dem andern unſre Zeitver-
treibe: in dieſem verlieren wir unſre Geliebte,
in jenem einen Freund. Dieſer ſchleichende
Dieb des Lebens, dieſe ungetreue Zeit, was
wird ſie mir laſſen, wenn ſie mir meine Reime
nimmt? Wenn jedes Rad der raſtloſen Mühle
ſtehet, welche zehn tauſend Verſe verfertigte?

Aber, was ſollte ich thun, wenn ich unter
zwanzigen nicht zweyen gefallen kann? Wenn
dieſer nur Heldengedichte lobt, jener bittre Satiren, und ein dritter pindariſche Oden ¹⁵?

Anmerkungen.

¹⁴ Endlich rauben ſie uns uns ſelbſt. D. i. Die
Zeit verändert alle unſre Leidenſchaften, Begierden und
Neigungen.

¹⁵ Und jener pindariſche Oden? Von unſrer
neuern lyriſchen Poeſie iſt das, was im Engliſchen geſchrieben iſt, Pindariſch, was im Lateiniſchen aufgeſetzt, Horaziſch. Das erſte iſt wie gekochte Speiſe,
von verſchiedenem Geſchmack und Geruch, alle aber ſind
ſehr unſchmackhaft; die andern ſind eben dieſen Speiſen
gleich, wenn ſie geſchmocket worden, und haben alle
einerley gewürzten Geſchmack, und alle einerley hohen
Gout: Die Urſache iſt dieſe, weil die engliſchen Odenma-
cher nur die Gedanken Pindars nachahmen; die lateiniſchen hingegen die eignen Worte des Horaz brauchen.

Einer liebt den Flügel des Phasans, ein and-
rer seine Keule: der gemeine Mann kochet, der
Gelehrte röstet sein Ey; wie schwer ists, den
Geschmack solcher Gäste zu treffen, wenn
Oldfield das liebt, was Dartineuf [16] ver-
schmähet!

Aber gesetzt, ich sollte zum Unglück noch einmal zurückfallen, und Verse schreiben; könnte
London der Ort seyn? Wer kann da unter
Pöbel und Höfen, Processen, Geschäften,
Schmausen und Freunden, auf seine Muse,
sich selbst, seine Seele denken [17]. Itzt
ruft mich mein Anwald, eine Handschrift

L 4

Anmerkungen.

[16] Olfield — Dartineuf. Zwey berühmte Schlemmer. Dieser Umstand giebt dieser ganzen Stelle noch
eine Schönheit, weil er zu verstehen giebt, daß die Frage nach Versen nur eine Art von Ueppigkeit sey.

[17] Für sich selbst, seine Seele. Selbst steht hier
für Leib, (nach der Sprache der Weltleute, welche
höchstens ihre Seelen nur für eine Art eines zweyten
Selbst halten, und bedeutet die Sorge für die Gesundheit.

zu schreiben. Itzt bittet mich ein Dichter [18]
ihn lesen zu hören. — Einer bestellt mich: Kum
" neun Uhr finden sie mich im Schloßhofe; ein
" andrer: um zehn Uhr, Sie, erwarte ich
" sie gewiß in Bloomsburysquäre. — Um zwölf
" Uhr kommt meine Sache bey den Lords
" vor. — Genau um ein Uhr wird eine Pro-
" be gespielt. — O! ein guter Kopf muß
" auf der Straßen denken, und seine Seele
" über den Pöbel erheben können, der ihm be-
" gegnet. „ Nicht völlig so bequem, als er
sollte. Eine Miethkutsche kann leicht einen Gedanken verderben; ein wankender Baum; eine
Stange von Eisen kann auch den besten Kopf
beschädigen. Haben Sie nicht ehemals gesehen [19], wie in der Enge zu Guild-hall zwey

---

Anmerkungen.

[18] Ein Poet bittet mich, ich möchte ihn lesen
hören. Unser Verfasser hatte unter dem zweydeutigen
Worte, ihn lesen hören, einen Scherz im Sinne.

[19] Haben Sie nicht gesehen. Die satirische Spötterey in diesem Bilde, und die lustige Art, wie es
vorgestellet ist, erhebt die Nachahmung in dieser Stelle über das Original.

Rathsherren mit einem Esel um den Weg stritten, und Pairs, so erhaben sie sind, so gar
ihrem eignen * * * in einem Wagen Platz machen mußten?

Geh, erhabener Dichter! und sing in sol-
chem Gedränge deinen tonreichen Vers: —
Aber nicht laut. Ach! wir Söhne der Musen,
wir alle eilen in Grotten und Hayne, zur
Stille und Ruhe: Blackmore selbst, um etwas großes zu dichten, trinkt und schlummert
zu Tooting, oder Carls-Court 20. Wie soll-

L 3

Anmerkungen.

20 Trinken und schlummern. Dieses ist nicht so
fein, denn es hat nicht die nette Zweydeutigkeit des

Rite cliens Bacchi, somno gaudentis et umbra.

worinn die Unmäßigkeit der Poeten nicht so sichtbar,
aber doch versteckt, gemeynt ist. Denn Bacchus war
so wohl der Schutzgott des Drama, als der Bouteil-
le; und der Schlaf wurde so wohl um Eingebung,
als zur Erleichterung für einen Betrunkenen ange-
rufen.

Ebend. Tooting — Carls-Court. Zwey Dör-
fer, einige Meilen von London. P.

te denn ich in diesem ewigen Getöse reimen? Wie
sollte ich die Dichter erreichen, die noch niemand
erreichet hat? Sehen Sie, wie der Mann, der
an dem ruhigen Ufer der Isis gelagert, zehn
ganzer Jahre unter Büchern und Studiren zu-
bringet; sehen Sie, wie er gehet, bestreut mit
gelehrtem Staube; seine Nachtmütze auf dem
Kopfe, eine Figur, dergleichen die Sonne noch
niemals gesehen hat! Die Knaben laufen um
ihn zusammen, das Volk gaft ihn an: wie
steif, wie stumm! man sollte schwören, eine
Bildsäule sey von ihrem Fuße herab getreten,
um frische Luft zu schöpfen. Und ich sollte hier,
wo in der Stadt, am Hofe, an der Börse Pöbel, Soldaten und Gläubiger vor allen Häusern schreyen und lärmen [21], hier in London
sollte ich diese vergebliche Handwerk treiben?
Sollte Lieder machen, damit Narren etwas
auswendig zu lernen haben?

Anmerkungen.

[21] In der Stadt, am Hofe vor allen Häusern ꝛc. Die Ausgelassenheit, Schwelgerey und Meu-
terey einer reichen Stadt sind nicht übel beschrieben.

Der Tempel sah neulich zwey Rechtsgelehrte
und Brüder, welche sich einander für Orakel
des Gesetzes hielten.   Gleiche Redner-Talente
schmückten diese verwandte Seelen: einer redete
die Schatzkammer in den Schlaf, der andre
rief die Kanzley taub: jeder besaß einen Ernst,
worüber man hätte vor Lachen bersten mögen,
und schüttelte über den Murray, als einen Witzling, den Kopf ²². Sie unterhielten sich mit

Anmerkungen.

²² **Und schüttelte über den Murray, als einen
Witzling den Kopf.** Dummköpfe in allen Profes-
sionen haben den albernen Trost, daß der, den die Natur zu Vorzügen gebildet hat, nicht durch seine Wissen-
schaften, sondern durch seinen Witz andre übertreffe:
und so trösten sie sich damit, daß sie nicht ganz ausge-
than, sondern nur durch Witz übertroffen worden.
Den elenden Ruhm, nichts zu wissen, als was zu ihrem Gewerbe gehöret, hat Herr von Voltaire artig
aufgezogen, wenn er von einem großen französischen
Rechtsgelehrten sagt: "Il faisoit ressouvenir la France
de ces tems, où les plus austéres Magistrats consom-
més comme lui dans l'étude des Loix, se delassoient
des fatigues de leur état, dans les travaux de la litera-
ture. Que ceux qui meprisent ces travaux aimables;
que ceux qui mettent je ne sai quelle misérable gran-
deur à se renfermer dans le cercle étroit de leur
emplois, sont à plaindre ! ignorent-ils que Cicéron, aprè
avoir rempli la prémiere place du monde, plaidoit en-

beständigem Lobe: "Sie, mein Herr, besitzen
" eine Rechtsgelehrsamkeit! —— und Sie, mein
" Herr, haben eine Beredsamkeit! gerade so
" redete Kowper —— und gerade so dachte
" Talbot. „

Eben so theilen wir Dichter alle poetische
Verdienste unter uns aus. Sie besitzen das Genie Miltons, und ich den Geist Zomers.
Nenne den Tibbald einen Shakespear, so wird
er schwören, theurer Cibber! alle neun Musen haben keine solche Ode geschrieben, wie deine. O! wie stolz wandern wir durch Merlins
Grotte 23, wo wir sonst keine Poeten finden,

Anmerkungen.

core les causes des Citoyens, écrivoit sur la nature des
Dieux, conféroit avec des Philosophes; qu'il alloit au
Théatre; qu'il daignoit cultiver l'amitié d'Esopus et
de Roscius, et laissoit aux petits Esprits, leur constante
gravité, qui n'est que la masque de la mediocrité? „

23 Merlins Grotte. In dem Königlichen Garten
zu Richmond. Man sollte aus diesen schließen, als
wenn die Sammlung von Poeten an diesem Orte nicht
nach unsers Verfassers Geschmack war.

als Stephen ²⁴ dich und mich. Tretet ehrer-
biethig zurück, indem wir uns Lorbeerkränze
flechten und Namen geben, wie wir wollen.
"Mein liebster Tibullus! oder ist das zu we-
"nig, so laß mich Horaz seyn, und sey du
"Ovid: oder sage nur, daß ich, wie Dryden,
"singe, so sollst du für deine Mühe mehr,
"als Otway, seyn." Ich leide viel, viel
leide ich, um diese eifersüchtigen, wunderlichen,
zanksüchtigen Dichter in Frieden zu erhalten.
Wenn ich den Einfall habe, selbst drucken zu
lassen, wie sehr muß ich schmeicheln, um meinen Schriften ihren Beyfall zu erkaufen! Wenn
aber die Grille vorüber ist, so bin ich so klug,
vor ihrem elenden Gewäsch meine Ohren zu
verstopfen.

Umsonst tadelt die ganze Welt elende Reimer;
sie selbst erweisen sich die tiefste Ehrerbietung;

Anmerkungen.

²⁴ Als Stephen. Herr Stephen Duck, ein be-
scheidener und würdiger Mann, der die Ehre hatte,
von unserm Herrn Pope hochgeschätzt zu werden, (welche viele, die sich für größere Poeten hielten, als ihn,
nicht hatten.)

umſonſt ſchweigen wir; ſie loben ſich innerlich
ſelbſt, und ſind den ganzen Tag glücklich. Aber
wie ſtrenge verfahren die Dichter gegen ſich
ſelbſt, welche Verſe ſchreiben, die wir leſen
können? Harte Richter über ſich ſelbſt verſchonen ſie kein einziges Wort ²⁵, dem Stärke,
Licht, Nachdruck oder Präciſion fehlet; ſo ungern es auch ſeine Stelle verläßt, ſo ſehr es
auch (vielleicht) am Hofe gefallen mag. Sie
verwerfen das eine, und erwecken zuweilen, aus
bloßer Wohlthätigkeit ²⁶, an ſeiner Stelle ein

Anmerkungen.

²⁵ Verſchonen kein Wort, dem Stärke oder
Licht ꝛc. Stärke und Licht geht auf den figürlichen
Ausdruck; und deutet an, daß es ſolche ſind, welche
die Einbildungskraft rege machen, und von Gegenſtän-
den, die ſich ſelbſt darbiethen, genommen ſind; denn
ohne die erſte Eigenſchaft werden ſie keine Stärke haben, ohne die andere, kein Licht.

Gewicht, und Sorge gehen auf den buchſtäbli-
chen Ausdruck; das erſte bezeichnet den Charakter des
Zeitwortes; das andre des Namens; und bedeutet,
daß in jedem Satze das *attributum* wichtig, und das
ſubjectum präcis ſeyn ſollte.

²⁶ Aus bloßer Wohlthätigkeit ꝛc. Dieſes iſt
ſehr glücklich ausgedrückt, und will ſagen, es ſey die

ausgestorbenes; suchen eine kühne ausdrückende
Redensart, die aus dem Schutte einiger hun-

Anmerkungen.

Pflicht des Dichters, die Armuth der itzigen Sprache
mit dem ungebrauchten Vorrathe der Alten zu bereichern, nicht aus Liebe für die Todten, sondern für die
Lebendigen. "Die Reichthümer einer Sprache, sagt
ein gewisser sehr feiner Scribent, und einsichtsvoller
Kunstrichter, werden wirklich vermehret, wenn man
ihre alten Worte aufbehält; und außerdem haben sie
oft ein größeres Gewicht, und mehr Würde als Wörter,
welche mehr Mode sind, und an ihre Stelle traten. Dieses bedarf für diejenigen keines Beweises, welche mit den ältern Schriften in jeder Sprache bekannt
sind." Anderswo sagt er: "Aus diesen Zeugnissen
lernen wir, was für einen hohen Werth diese große
Meister im Schreiben ihren alten Schriftstellern beyle-
gen; und wie der Grund der Sache ihre Meynungen
rechtfertiget, so können wir ferner den wichtigen Nutzen einiger neuern Versuche, eine bessere Kenntniß unsrer eignen Sprache einzuführen," daraus abnehmen.
Ich bemerke dieses mit Vergnügen, da eine zunehmende
Stärke einer ganz andern Denkungsart, die wir, wie
es fast scheinet, zuerst von unserm Umgang mit den französischen Mustern angenommen hatten, und die durch
die gar zu ängstliche Delicatesse einiger guten Schriftsteller unter uns unterstützet wurde, schon so weit gekommen war, die edelste neue Sprache zu entkräften, und
den allgemeinen Geschmack weichlich zu machen. Diese wurde von dem, was gemeiniglich zu solchen Zeiten
sich pflegt sehen zu lassen, nämlich einen gewissen weib-
lichen Vorwitz in der Wahl der Wörter nicht wenig be-

dert Jahre hervor schimmert, erwecken alte
Wörter aus einem langen Schlaf; Wörter [27],
die der weise Bako, oder der tapfere Rawleigh
sprach; oder geben dem neuen ein Bürgerrecht,
welches künftige Alter bestätigen, (denn der
Sprachgebrauch nimmt sich, als Vater, der
Wörter an, die der Gedanke gebahr) [28],

gießen

Anmerkungen.

fördert; da man vorsichtig alle solche Wörter verwirft,
und vermeidet, (die doch nicht selten die nachdrücklichsten sind,) welche durch einen gar zu gemeinen Gebrauch entweihet waren, oder sonst einen zufälligen Flecken angenommen hatten.   Hierdurch geriethen wir auf
Umschreibungen, und allgemeine Ausdrücke; den eignen
Gift aller ausgebesserten Sprachen. „ Eng. Commenta-
ry and Notes on the Ars poetica of Horace S. 43. 44.

[27] Wörter aus einem langen Schlaf, Wörter,
die der ꝛc.   Das Bild ist hier sehr erhaben.   Es
verwandelt den Dichter in einen Zauberer, der die Todten aus ihren Gräbern rufet.

Et mugire solum, manesque exire sepulchris.

Horaz hat diese Stärke nicht,

Proferet in lucem speciosa vocabula rerum.

[28] Nimmt sich als Vater der Wörter an, die
der Geschmack erzeugte ꝛc.   Eine sehr schöne und
glückliche Verschönerung des Ausdrucks, wo nicht des
Gedanken seines Originals.

gießen die Beredsamkeit in reiner Heiterkeit,
und doch voll göttlicher Stärke, mit Schätzen
aller ausländischen Sprachen bereichert, in vollem Strom aus; beschneiden den gar zu milden Auswuchs [29]; poliren das Grobe, und

Popens W. B. 5.   M

Anmerkungen.

[29] Beschneiden den gar zu milden Auswuchs rc.
Etwa im funfzehnten Jahre wurde unser Dichter mit
Walsch bekannt, dessen Aufrichtigkeit und Einsicht er
im Versuch über die Critik gerühmet hat. Walsch
munterte ihn sehr auf, und pflegte ihm zu sagen, es wäre noch ein Weg offen, um sich zu zeigen, worauf er
alle seine Landsleute übertreffen könnte, und der sey
Sprachrichtigkeit, worinn die englischen Dichter
sehr gefehlet hätten. Denn ob wir gleich verschiedene
große Genies gehabt, so hätte doch keiner die Kunst
verstanden, seine zu milden Ausschlüsse zu beschneiden. Dieses sollte demnach seine Hauptbemühung seyn,
weil er Talente besäße, welche verdichten ausgebessert
zu werden. Unser junger Verfasser folgte diesem Rath,
bis die Gewohnheit das Ausbessern zu seiner angenehm-
sten und nützlichsten poetischen Uebung machte. Und
das Vergnügen, welches er daran fand, hatte diejenige
Wirkung, wovon er in den folgenden Zeilen redet:

Denn feilen sie das Ganze rc.

Man läßt uns nicht immer sehen, daß diese Wirkung
von dem Ausbessern herkömmt; und man hat öfter bemerket, daß es eine schwere Steifigkeit hervorbringt,
welches unter einem andern Bilde die Alten nach der

verſchonen keine leere Zeile ³⁰ ; dann feilen ſie das Ganze ³¹, und geben ihm ſo viel

---

Anmerkungen.

Lampe ſchmecken nannten. Und das wird auch ſicher
meiſtens erfolgen, wenn es mühſam , und bloß als eine
Arbeit geſchiehet.   Wenn es aber eine Uebung zum Vergnügen wird, und die Urtheilskraft der Einbildung
nicht beſchwerlicher fällt, als daß ſie ſeine Hitze leitet ,
ſo wird das Leben bleiben, und die Phantaſey die Beurtheilungskraft ſo erleuchten, daß ſie Leichtigkeit behält.

30 Verſchonen keine leere Zeile. Gegen ſolche
war unſer Verfaſſer immer unerbittlich.   Nur einmal
brachte er, in dem höchſten Glanz ſeiner Ehre, dem Neide ein Opfer mit der verwünſchten und ſcheuslichen Zeile
in einem der am beſten überſetzten Bücher der Odyſſee.

"Cloſe to the Cliff with both his hands he clung,

" And ſtuck adherent, and ſuſpended hung.

Die Rotte der kleinen Geiſter und Kunſtrichter könnten ſich ohne den Troſt eines ſolchen Verſes, an dem ſie
beſtändig angeklebt klebten, und angehangen hien-
gen, (ſtuck adherent and ſuſpended hung) niemals zufrieden gegeben haben.   Shakeſpear gab dem Dunſen
ſeiner Zeit, wenn wir dem Ben Johnſon glauben wollen, eben den Troſt, durch ſein Caeſar did never wrong
but with juſt cauſe.   Aber es giebt eine Art von noch
niedrigern Geſchöpfen, in deren Gefolge ſich ein ge-
wiſſer Edwards befindet, der das Mittel weis, ſich
ſo gar über die Fehler des Druckers herzumachen. Der
letzte Herausgeber des Shakeſpear gab dem Corrector
der Druckerey Befehl, daß alle Noten des Herrn Pope

Leben und Ungezwungenheit, daß man glaubt, die Natur selbst zu sehen, und es für Kinder-spiel hält, schön zu schreiben ³². Aber Unge-

M 2

Anmerkungen.

an ihren Stellen gedruckt werden sollten. In einer der-selben war, wie sie sagen, einiger Italiänischen Novel-len gedacht, worinn Dec. und Nov. so abgebrochen ge-druckt standen. Allein die Drucker der neuen Ausgabe druckten sie in December und November aus, und so ausgedrucket legt sie dieser Edwards dem Herausgeber zur Last. War dieser Mann nun ein solcher Duns, daß er diese Critik auf guten Glauben machte, so verdient er großes Mitleiden; war er so boshaft, sie mit besserm Wissen zu machen, so verdient er noch mehr.

31 *Denn feilen sie das Ganze &c.* Ein berühm-ter französischer Schriftsteller sagt: L'art d'être éloquent en vers est de tous les arts le plus difficile, et le plus rare. On trouvera mille Genies qui sauront aranger un ouvrage, et le versifier d'une maniere commune; mais le traiter en vrai Poëte, c'est un talent qui est donné à trois ou quatre hommes sur la terre.

32 *Und es für Kinderspiel hält, schön zu schrei-ben.* Die Ursache ist, weil wir alles, was klar, unge-zwungen, und einfältig ist, der Natur beylegen, ohne zu bedenken, daß die künstliche Anordnung der Worte und des Ausdruckes, woraus diese Ungezwungenheit ent-springet, die Wirkung vieles Nachsinnens und vieler Mühe ist. Es ist wahr die Mühe zerstöret oft eben die

zwungenheit im Schreiben rührt von der Kunſt[33], nicht vom Ungefähr her; wie die ſich am behendeſten bewegen, welche tanzen gelernt haben.

Anmerkungen.

Leichtigkeit, welche eben aus dieſer Mühe, wie wir ſagen, entſtehet. Dieſes kann und wird bey einem gemeinen Schriftſteller geſchehen; aber niemals bey einem Genie. Es giebt nur einen Ausdruck, welcher genau der rechte iſt; obgleich der erfoderte Gedanke ſich wohl auf hundert Arten ausdrücken läßt. Aber aus einem ſolchen Haufen auszuſuchen erfodert Arbeit; und wenn man den rechten Ausdruck getroffen hat, ſo wird man nicht ſowohl Geſchmack als Beurtheilung beſitzen, niemals gewiß wiſſen, daß er eben der rechte iſt, den man ſuchte; alsdenn ſucht man ſo lange, bis man müde wird; und dann nimmt man den erſten, den man findet! Ein Genie hingegen bemächtiget ſich ſeiner, ſo bald es ihn gefunden hat, und wählet nie einen ähnlichen ſtatt ſeiner.

33 **Aber Ungezwungenheit im Schreiben rühret ꝛc.** Dieſe Art von Schriftſtellern, welche unſer Verfaſſer andermärts nennet: " den Pöbel der Gentlemen, der mit Leichtigkeit ſchrieb, „ glaubte, dieſe Eigenſchaft eines Gedichtes gienge nur ſolche an, die leicht geſchrieben wären; da er doch annimmt, ſie ſey die letzte, und ſchwer erreichte Vollkommenheit eines ausgearbeiteten Werkes. Aber das Schreiben dieſer Gentlemen, welche in der obigen Zeile ausgelacht werden, und ſein Gegentheil, welches er irgendwo raſende Proſe nennt, ſind die beyden äußerſten Feh-

Wenn es so schwer, so mühsam ist, nach den Regeln zu schreiben: wie viel besser ists nicht, sich selbst zu gefallen und ein Narr zu seyn. Man nenne immer das elende Versmachen eine Krankheit; der Verfasser ist glücklich oder zufrieden. Es lebte, sagt man, in *prima*

M 3

Anmerkungen.

ler desjenigen vollkommnen Stiles, dessen Begriff er hier durch seine eigne Schreibart erkläret hat. Wie die Leichtigkeit die Mode des vorigen Alters war, so hat die Nachahmung Miltons in die affectirte Schreibart der itzigen eine prächtige Härte eingeführet. Diesen letzten Character beschreibt Quintilian sehr richtig, und giebt einen guten Grund an, warum sie so gut aufgenommen wird. "Euenit nonnunquam ut aliquid grande inueniat, qui semper quaerit quod nimium est; verum et raro cuenit, et caetera vitia non pensat. „ Ich erinnere mich, daß Herr Pope, da ich einst ein Gedicht mit ihm las, worinn der Dichter beständig im hohen Ton sung, und mühsame Ausdrücke suchte, scherzhaft sagte: "Das ist ein seltsamer Mann; er scheint mit den Apothekern zu glauben, *album graecum* sey besser, als ein ordentlicher Stuhlgang. Er selbst war niemals schwülstig oder prächtig: und wenn er jemals auf eine Härte verfiel, so kam es nicht daher, weil er etwas gemeines mit Pracht sagen wollte, sondern weil er viel mit wenigen ausdrückte.

Georgii 34, ein würdiges Parlamentsglied,
kein kleiner Mann, ein Lord. Wenn das Haus

Anmerkungen.

34 Es lebte in *primo Georgii.* Die Erzählung von
diesem Wahnsinnigen ist dem Original eben so sehr vor-
zuziehen, in Ansehung der ungezwungenen Erzählung, als
die Erzählung von dem Soldaten des Lucullus ihm nachstehet. Es ist wahr, der Einfall, den Horaz seinem Wahnsinnigen giebt, schickt sich besser für seine Epistel, welche Poesie ist; und ohne Zweifel hatte diese Stelle
noch andre Schönheiten, welche die Zeit uns entrissen
hat. Denn es gehet der Person, wie der Malerey; die
feinsten Züge verlöschen, am ersten; und was noch
schlimmer ist, sie werden auch am spätesten bemerket:
So leben durch Zeit und schlechten Geschmack die gröс-
sesten Schönheiten am kürzesten. Allein, wir dürfen
uns nicht wundern, daß alte Satirenschreiber die Wirkungen dieser unglücklichen Vereinigung empfinden,
da man die neuern, zum Exempel die Rabelais und
Cervantes so wenig verstehet. Einer der feinsten Züge
in dem letzten befindet sich in dem Plan seines berühmten Romans, da er einen spanischen Edelmann von
funfzig Jahren durch das Lesen der Ritterbücher wahn-
sinnig werden läßt. Allein wir sehen wenig von seiner Schönheit, wenn wir nicht wissen, daß eine in
Unordnung gerathene Einbildungskraft die gemeine
Krankheit unter den Spaniern in ihren abnehmenden
Jahren ist. Eine Sache, wovon uns Thuanus gele-
gentlich, unterrichtet : Mendoza étoit un fort habile
homme, il avoit été employé en de grandes Ambassades;
sur la fin de ses jours il devint furieux, comme d'or-
dinaire les Espagnols. *Thuanus.*

schon aus einander gegangen war, saß er noch
immer vergnügt da, hörte, zeichnete auf, und
antwortete, wie mitten in der Berathschlagung.
Das war seine einzige Thorheit; sonst war er
in seinem Leben ein vernünftiger Mann, zärtlich gegen seinen Freund, höflich gegen seine
Frau; wurde nicht rasend, wenn ihm eine
Pastete verbrannte, und war viel zu klug, in
einen Brunnen zu treten. Die verdammten
Aerzte und seine Freunde sperrten ihn ein, lies-
sen ihm zur Ader, ließen ihn schröpfen, gaben
ihm abzuführen; kurz, sie machten ihn gesund.
Mißvergnügt über seine Gesundheit, rief der
Mann: " Der Teufel hole euch, Freunde, für
" eure Mühe! Ihr habt mir so lange zur Ader
" gelassen und gereinigt, daß ich aus einem
" Patrioten von Ansehen itzt ein Tropf gewor-
" den bin, der nichts kann, als Ja sagen. „

Alles betrachtet, muß die bloße Prose mein
Loos seyn. Die Weisheit wird, leider! früh
oder spät kommen: es ist eine Zeit, wo uns das
Dichten abgeschmackt wird: Ich will die Verse
den Schulknaben überlassen. Nicht länger auf
die Regel der Poesie eingeschränkt, ergebe ich

M 4

mich der Wiſſenſchaft, mein Herz zu bilden und
harmoniſch zu machen, jedem Gedanken ſeine
Gränzen anzuweiſen, und meine Seele im gleichen Maaße zu erhalten.

So bald ich in meine ländliche Hütte trete,
fängt meine Seele da wieder an, wo ſie vorhin ſtehen blieb; Gedanken, welche ich zu Hy-
deparkcorner vergaß, kommen mir in der Be-
trachtung-nährenden Grotte wieder entgegen.
Hier in der Einſamkeit, und alle Complimente
bey Seite geſetzt, lege ich meinem Herzen dieſe
vernünftige Fragen vor.

Wenn du dem Arzt klageſt, daß dein Durſt
zunimmt, je mehr du trinkeſt; warum geſteheſt
du nicht eben ſo gut die Thorheit und Krankheit, wenn du mehr begehreſt, jemehr du haſt?
Das Herz löſet dieſe Frage den Augenblick auf:
» die Menſchen fühlen nur den Schmerz, aber
» nicht das Laſter. «

Wenn güldne Engel die Krankheit nicht mehr
heilen wollen ³⁵, ſo wünſcht ihr alle königliche

Anmerkungen.

³⁵ Wenn güldne Engel. Dieſe Erläuterung iſt
weit glücklicher, als die, welche im Original gebraucht

Zauberey zum Teufel: wenn knechtische Beichtväter schreyen ³⁶, Geburt und Amt geben einem Pair Ehre, Wahrhaftigkeit und Ansehen,
so siehe in dieses Herz, filziger D — ! sey
aufrichtig, und sage, kannst du einen einzigen
von diesen Miethlingen darinn finden? Dennoch
gehest du, ohne das zu achten, was dein Herz
dich lehren kann, zur Kirche, um diese Schmeichler predigen zu hören.

Zwar könnte der Reichthum, Witz oder Verdienst, könnte er einen Gran von Muth, oder
einen Funken Verstand geben; so muß ich gestehen, daß der Weiseste sich schämen müßte,
wenn D ** die Sechslinge mehr liebte, als er ³⁷.

M 5

---

worden; weil sie dadurch, daß sie Begriffe vom Gelde
erreget, die Seele zu der Moral vorbereitet, welche
sie erläutern soll.

36 Wenn knechtische Beichtväter zc. Dr. Ken— t.

37 Einen Sechsling mehr liebte zc. Der Geitz
und die Verachtung desselben ist in diesen Worten wohl
ausgedrückt.

Wofern man ſich auf die Geſetze verlaſſen
darf, und wenn der Gebrauch ein Eigenthum
geben kann, ſo gehört das uns, wovon wir leben: Das angenehme Abscourt bekennet [38]
Sie für ſeinen Herrn, wenn ſeine Felder Ihnen ihre Früchte geben. Alle Hennen, alle Rebhüner, die Worldly in der Stadt verkauft,
ſo gar ſein Wild ſind für eine Guinee die ihrigen: er kaufte das bey tauſenden, was Sie
mit mehr Verſtand kauften, ſo wie Sie es brauchen, ein Stück nach dem andern. Worinn
beſtehet itzt der Unterſchied, oder worinn wird
er künftig beſtehen? Sie zahlen einen Groſchen,
und er zahlte ein Pfund.

Heathcote ſelbſt, und Männer, die ſo reich
an Ländern ſind, als er; die Herren des fetten Eſham, oder der Lincolner Marſchen,
kaufen jedes Stück Holz, wobey ſie ſich wärmen,
kaufen jedes Huhn, was ſie für unſern Tiſch
ſenden. Dennoch nennen ſie die Hälfte von

Anmerkungen.

[38] **Das angenehme Abscourt.** Ein Landgut gegen Hampton-Court über.

dem, was der Teufel aus Lincoln übersehen kann, thöricht das ihrige. So wohl die Gesetze Gottes, als des Landes, verabscheuen eine Beständigkeit des Eigenthums. Die Güter haben Flügel, und schweben in der Gewalt des Schicksals unsicher an der Spitze jeder flüchtigen Stunde [39], immer im Begrif, durch Gewalt, oder mit dem Willen der Besitzer, durch Verkauf, wenigstens durch den Tod, ihren Herrn zu verändern. Ein Mensch? und auf immer? Armseliger! was verlangst du? Ein Erbe verdrengt den andern, wie eine Welle die andre. Alle ungeheure Güter, Länderreyen, Thiergarten oder Jagten, (wie sie immer Namen haben!) ach! mein Bathurst! was helfen sie? Laß Cotswood Hügel mit Sapertons schönen Thal zusammenstoßen; laß hier Kornböden und Tempel, dort Landhäuser und Pyramiden erbauen; verbinde durch Ei-

---

Anmerkungen.

[39] Hängen in der Gewalt des Schicksals — unsicher an der ꝛc. Ein Begrif der Neuern, (die Magnet-Nadel) gab hier dem Nachahmer einen Ausdruck, der weit schöner war, als sein Original.

chenalleen Städte mit Städten; ſchließ ganze
Hufen in Mauren: alles iſt eitel! der uner-
bittliche Tod reißet alles zu Boden, und Bäume, Steine, Güter und Beſitzer gehen dahin.

Es giebt Leute, welche weder Gold, noch
Silber, noch Helfenbein, noch getriebe-
bene Gefäße, noch Gemälde, noch Marmor,
noch Edelſteine, noch Kleider von perſiſcher
Farbe beſitzen — und, dem Himmel ſey Dank!
es giebt Leute, welche ſich nicht darum bekümmern, ſie zu beſitzen.

Reden Sie vom Geſchmack ſo viel Sie
wollen, mein Freund, ſie werden eben ſo leicht
zwey gleiche Geſichter, als zwey gleiche Seelen
finden. Warum von zweyen Brüdern der eine
reich und raſtlos, pflüget, brennet, düngct und
arbeitet von einem Tage zum andern; der andre für Weiber, Spiel und Wein, alle Rüben
des Townſhend 40, und alle Minen des Gro-

---

venor verachtet; warum einer gleich den Bu*,
zufrieden mit Sold und Verachtung, sich am
Hofe und im Parlament bücket, und ja sagt;
der andre von starker Wohlthätigkeit der Seele
getrieben, wie Oglethorpe 41 von einem Pol
zum andern fliegt, das ist allein der regierenden
Macht bekannt, welche das Genie in der Stunde der Geburt bildet: dem Gott der Natur 42,
der, immer in uns, unsre Handlungen lenket,
nicht unsern Willen zwinget. Jedes hat ein
andres Temperament, wie ein andres Gesicht
oder eine andre Bildung: sein großer Endzweck
ist immer derselbe.

Anmerkungen.

chen Geschäfte niederlegte, vertrieb er sich die Zeit mit
der Landwirthschaft, und gab sich sonderlich mit den
Erfindungen ab, welche in Ansehung der Rüben gemacht sind; er redete von keiner Sache lieber.

41 **Gleich dem Oglethorpe.** Der mit der Anle-
legung der Colonie von Georgien beschäftigt war.

42 **Der Gott der Natur.** Hier hatte der Dichter eine Gelegenheit, seine eigne Philosophie zu erläutern: und dadurch seinem Original einen weit bessern
Sinn zu geben; und den Naturalismus, und das fa-
tum des Horaz zu verbessern, welche in diesen Worten
verdeckt ausgedrücket sind.

Scit *Genius* natale comes qui temperat astrum,
Naturae Deus humanae.

Ja, ſo klein auch mein Haufen ſey, einen Theil will ich genießen, und einen Theil beyle-gen. Mein Erbe mag ſeuffzen, und es für lieb-los halten, daß ein ſo armer Mann ohne Be-dienung leben wollte. Kein Landesgeſetz hat für ihn beſtimmet [43], wie frey oder ſparſam ich meine Tage vollenden ſoll: ich, der ich zu-weilen verſchwende, zuweilen ſpare, und eine Stunde der Sorge, die andre der Sorgloſig-keit weihe. Es iſt zweyerley, ob ich meinen Vorrath thöricht verſchwende, oder ob ich mich um keine neue Schätze bekümmere: ich nütze, wie ein Knabe, den erſten beſten Tag, und bin vergnügt, vom ſchmutzigen Mangel entfernt zu ſeyn.

Was bekümmert es mich, (einen Wande-rer!) ob mein Schiff vom erſten Range iſt, oder nicht? Das Schiff könnte vielleicht eine beſſere Figur machen; ich aber, den es führet, werde deswegen nicht kleiner, noch größer. Je-

---

Anmerkungen.

43 Aber kein Landesgeſetz. Er zielet auf die Lan-desverordnungen, welche in England und Irrland ge-macht waren, um die Erbſchaft der Papiſten zu ord-nen ꝛc.

der günstige Wind macht mich nicht stolz; noch
kämpfe ich mit äußersten Kräften gegen alle
Stürme: gehe an Macht, Witz, Gepränge,
Tugend, Gestalt und Glück hinter dem vörder-
sten und vor dem letzten.

"Doch, warum eine so lange Predigt vom
"Geize? Er ist nicht mein Laster!" So wünsche ich Dir Glück, daß Du eines Tyrannen
entledigt bist; aber empfindest Du nicht etwa
eben itzt die Herrschaft eines andern, der eben
so rasend ist? den Geiz nach Gewalt? fühlest
du weder die Wuth des Zorns, noch den Schrecken der Furcht? Nicht die schwarze Furcht
vor dem Tode, die alle Herzen niederschlägt?
Kann deine Vernunft, mit Schrecknissen um-
geben, sich vest auf dem Thron behaupten, die
Bekannten verachten, und vor den Unbekann-
ten nicht zittern? Kann sie, unerschrocken und
standhaft, beyde Welten betrachten [44], troz

Anmerkungen.

[44] Und standhaft beyde Welten betrachten.
Man merke, mit welcher Bescheidenheit er die Ausgelassenheit seines Originals verbessert hat, nach welchem
die Hoffnung einer andern Welt ein Theil des Aber-
glaubens war, den Horaz verspotten wollte: (Hingegen

Hexen, Teufeln, Träumen und Fegefeuer?
Vergnügt in die Zukunft, vergnügt hinter ſich
ſehen, und jeden Geburtstag mit dankbarem
Herzen zählen? Hat das Leben, ſo nahe vor
ſeinem Ende, keine Bitterkeit? Kannſt du einen
Feind ertragen, einem Freunde vergeben? Hat
das Alter nur deine harten Talente erweichet,
wie Winterfrüchte mürbe werden, ehe ſie ver=
gehen? Oder glaubeſt du, mein Freund, alles
gethan zu haben, wenn du von hundert Dor=
nen einen einzigen auszieheſt?

Lerne, wohl zu leben, oder mache nur dein
Teſtament. Du haſt genug geſpielt und geliebt,
und gegeſſen und getrunken; tritt vernünftig
ab; ehe ein munterers Alter lachend auftritt,
und dich von der Schaubühne ſchiebet; und
laß die mit beſſerm Anſtand tändeln, die Luſt
an der Thorheit finden, und deren Thorheit
andre beluſtiget.

Anmerkungen.

will ſein Nachahmer nur die falſchen Schrecken vor Gei=
ſtern, die *Diablerie* der Zauberey und des Fegefeuers
aus dem Wege räumen.)

Satiren

Satiren

des

Dr. John Donne,

Dechants an der St. Paulskirche.

Quid vetat et nosmet *Lucili* ſcripta legentes
Quaerere num illius, num rerum dura negârit
Verſiculos natura magis factos, et euntes
Mollius?　　　　　　　　　　HOR.

Die
zweyte Satire.

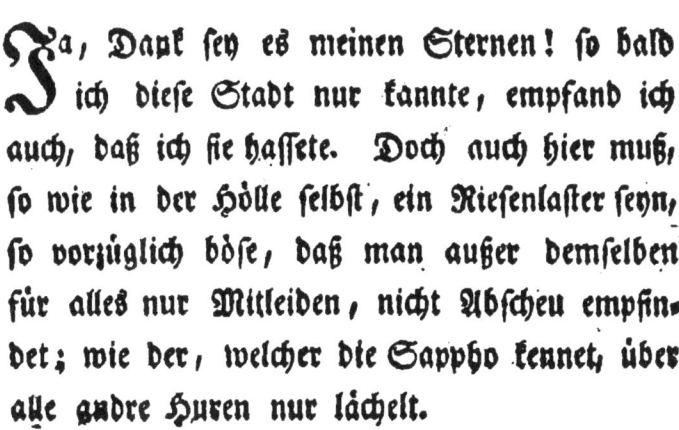

Ja, Dank sey es meinen Sternen! so bald
ich diese Stadt nur kannte, empfand ich
auch, daß ich sie haßete. Doch auch hier muß,
so wie in der Hölle selbst, ein Riesenlaster seyn,
so vorzüglich böse, daß man außer demselben
für alles nur Mitleiden, nicht Abscheu empfindet; wie der, welcher die Sappho kennet, über
alle andre Huren nur lächelt.

Ich gestehe gern, daß die Dichtkunst ein
himmelschreyendes Laster ist; gewiß führte sie
die Accise und die Armee ein: Man fängt sie
auf, wie die Seuche, oder die Liebe, Gott
weis, wie? alle aber bezeugen, daß man erst
Hungers sterben muß, ehe sie vertrieben wird.
Indeß ist doch der Zustand des Dichters, so,
wie des Papisten, arm, hülflos, und kaum
werth, gehaßt zu werden.

Hier giebt ein magerer Dichter, der sich durch
seinen Witz nicht eine Mahlzeit schaffen konnte,
einem Schauspieler den ganzen Unterhalt: so
sagt ein verurtheilter Dieb, den Rechten nach
schon so gut als todt, einem Schelm zu, der
nicht lesen kann, und rettet ihm das Leben.

So tanzen in einer Orgel wie die Pfeifen
sich bewegen, die vergüldeten Puppen, und
kommen hervor. Vom Winde erhoben bläst
der Blasebalg, er selbst liegt unten und schnapt
nach Luft.

Ein andrer besingt die Schöne; aber Lieder
rühren nicht mehr; keine Raße läßt sich von
Reimen tödten, kein Mägdchen zur Liebe bewegen: trotz Liebe und Natur, halten sie die Belagerung aus, und verachten das Fleisch, den
Teufel und alles, bis aufs Geld.

Andre schreiben an Lords, um eine elende
Belohnung, wie dürftige Bettler an den Thüren um Brod singen. Andre schreiben, weil
alle schreiben, und haben so immer eine Entschuldigung, daß sie schreiben, und schlecht
schreiben.

Unglücklich genug! aber weit unglücklicher ist
der, der sich mit dem Witz eines andern spei-
set. Der Witz wird verändert, und ist nicht
mehr, was er war; seine grobe Verdauung macht,
daß er aufhöret, Witz zu seyn: Gedanken, die
durch ihn gegangen, sind nicht mehr Gedanken; denn verbaute Speisen nehmen einen andern Namen an.

Ich übergehe alle diese Bekenner und Märtyrer, welche wie S-tt-n leben, oder wie Char-

tres sterben; den alten Esdras im Geschwätz, oder
seinen Erben im Trinken, Juden im Wuchern,
oder Irrländer ¹ im Fluchen übertreffen; boshaft, wie Pagen, die in ihren ersten Jahren
Sünden begehen, welche der Beichtvater der
Prisca kaum höret. Ich verzeihe so gar denen,
um deren Sünden halber Gelehrte neue Woh-
nungen in der Hölle machen müssen; von deren sonderbaren Lastern kein Canonist sagen kann,
in welchem weiten Innhalt der Gebote sie
wohnen ².

Anmerkungen.

¹ **Einen Irrländer im Fluchen übertreffen.**
Das Original sagt: out-swear the Letaine, mehr
Schwüre thun, als in der Litaney stehen. Der Nachahmer hat hieraus einen richtigern satirischen Zug gemacht. Der Ausdruck des Donne hat eine niedrige
Anspielung auf ein gottloses Wortspiel, dessen sich
damals die Feinde der englischen Liturgie bedienten,
welche mit der öftern Anrufung in der Litaney nicht
zufrieden waren, und es den Namen Gottes un-
nütz führen nannten, womit die Schrift das Schwören paraphrasiret.

² **In welchem weiten Innhalt der Gebote
sie wohnen.** Das Original ist satirischer:

In which Commandment's large *receit* they dwell.

Einer, nur einer beleidigt mich, dem Laster
Reichthum, und Reichthum Unverſchämtheit gaben: die Zeit, welche endlich aus einer Schram-
me eine Wunde *, deren ſchleichender Fortgang
ein Kalb zum Ochſen macht, und alle natürliche Begebenheiten zur Reiſe bringet, hat ihn
aus einem Eſel zum Advocaten gemacht. Kein
junger Geiſtlicher, der erſt ſeine Pfarre erhalten, kann koſtbarer, kann ſtolzer, kann poſiti-
ver als er ſeyn. Was könnte ich wohl mehr wün-
ſchen, als daß dieſer Phantaſt auch ein Dichter
werden, und Verſe ſchmieren; daß er das zar-

N 4

Anmerkungen.

Als wenn die zehen Gebote ſo weit wären, daß ſie
alles einnehmen könnten, was entweder das Geſetz
der Natur oder das Evangelium gebiethet. Ein
richtiger Spott über diejenigen practiſchen Ausleger, wie man ſie nennet, welche alle Pflichten der
Moral und der Religion in denſelben ſuchen. Da doch
ihr wahrer urſprünglicher Verſtand weit eingeſchränk-
ter iſt, und ſummariſch die Pflichten für ein einziges
Volk, bey einer beſondern Gelegenheit, und zu ge-
wiſſen veränderlichen Abſichten enthält.

* Der Text: *matures a clap to pox:* man hat mit
Fleiß hier nicht nach den Worten überſetzen wollen.

te Labyrinth des Ohres einer Dame mit Reimen durchbohren möchte?

Oder daß er eine Frau liebkosen, seine listigen Gaben, gleich Netzen oder Leimruthen ausstellen möchte, um reicher Wittwen Herzen zu fangen, daß er sich einen Anwald aller Huren nennen, und in der Sprache der Pleas und Bench um Liebe bitten möchte: eine Sprache, welche Boreas gegen den Ostwind reden könnte [3], gröber, als die Sprache von vierzig Deutschen, wenn sie sich schimpfen.

Anmerkungen.

[3] Eine Sprache, die Boreas — Das Original hat hier einen sehr feinen satirischen Zug: "als wenn "Winde in unsern verfallenen Abteyen heulen.„ Die Betrügereyen, womit dieser Bau (so nöthig für die Wohlfahrt der Religion und des Staates) angefangen; die Raubereyen, womit er fortgesetzet wurde; und Lüderlichkeit, worinn der daraus genommene Raub verschwendet wurde, hatte allen Vernünftigen ein Aergerniß gegeben, und die besten Protestanten wünschten, daß ein Theil von den ungeheuren Schätzen, welche aus der Unterdrückung der Klöster flossen, zu Liebeswerken, Gastfreundschaft, und selbst zum öffentlichen Dienst der Religion gebraucht wäre.

Verflucht sey der Nichtswürdige, so feil und
so eitel, so nackt und so stolz wie Huren in
Drurylane. Wenn Peter euch würdigt, euch
zu dem zu verhelfen, was euch gehört, so be-
geht er eine unerhörte Güte. Was für Dank-
sagungen, welche Lobsprüche, wenn Peter nur
ja sagt! und welch ein ehrenvestes Amtsgesicht,
wenn er nein sagt! so ernst, als wenn Gefangene den Kopf schütteln und schwören, bloß
eine Bürgschaft habe sie dahin gebracht. Sein
Amt erhält eure Pergamente unverletzt; er
stirbt lieber vor Kälte, um sie vor dem Feuer
zu schützen; für euch läuft er durch Regen und
Staub, denn dem Wagen traut Peter nicht;
für euch schwitzt und arbeitet er im Gerichte,
ruft Gott zum Zeugen, daß ers mit eurer Sache getreu meynet, und lüget in allen Stücken
vor jedem Lord, wie der Liebling eines Königs, — oder wie ein König.

Das sind die Gaben, welche sie alle zieren,
vom gottlosen Waters bis auf den frommen * *
selbst. Mehr Simonie steckt nicht unter schwar-
zen Röcken, mehr Bastarde nicht unter Erben

der Kronen. Sie fangen bey Schillingen und Pfenningen an, und stehlen so wenig, daß wenige ihren Diebstahl merken; bis sie, wie das Meer, alles Land von Scots bis Wight, von Mount bis Dover besitzen. Und Satan selbst fühlet nicht so viel Freude, als sie, wenn geile Wittwen wollüstige Nächte bezahlen, oder wenn ein Herzog bey White Pharo spielt, oder wenn Eigenschaften durch Verpfändung wegschmelzen. Stückweise gewinnen sie erst diesen Acker, dann jenen, und sammlen Schritt vor Schritt das ganze Gut. Dann sichern sie den übelerworbenen Reichthum durchs Gesetz, und setzen Contracte, Verträge und Artickel auf, so weit, wie die Felder selbst, viel weiter, als ein Corpus Juris mit allen seinen Glossen, so ungeheur, daß unsre neuen Geistlichen Kirchenväter sind, wenn sie auch weniger schreiben. Aber laß diesen Schelm für dich schreiben, so schwächt er jede Handschrift, und läßt listig seine Erben aus. Kein Ausleger kann geschwinder über eine gelehrte unverständliche Stelle weggehen; kein Geistlicher kann in Citationen listiger die Worte weglassen, welche ihn widerlegen würden.

So dünkte Luthern das Paternoster lang [4],
als er noch Amts wegen seinen Rosenkranz be-

Anmerkungen.

[4] **So dünkte Luthern ꝛc.** Der Dichter hat durch
die Einsichtsvolle Versetzung dieses schönen Gleichnis-
ses dem Gedanken seines Verfassers eine neue Schönheit gegeben. Der Advokat, sagt Dr. Donne, erweitert die rechtmäßigen Instrumente, ein Eigenthum
zu übertragen, so sehr, daß sie so dick werden als ein
Corpus Iuris civilis mit Glossen, so bald sie seinen
eignen schlechterworbenen Reichthum sichern sollen.
Aber laßt eben diesen Advokaten für euch ein Instrument machen, so läßt er so gar die nothwendigsten
Worte aus; und ist so kurz und geschwind, wie die
nachläßigen Postillen eines neuern Geistlichen. So
war dem Luther, so lange er ein Mönch war, und
Amtswegen Messe lesen und für andre beten mußte,
sein Vater noster zu lang. Als er aber ein Kirchen-
regent werden wollte, und andre lehren mußte, wie
sie für den Fortgang seiner neuen Lehre beten sollten,
so verlängerte er sein Vater noster mit einer neuen
Clausel. Diese Abschilderung seiner ersten Aufführung
sollte seinen Mangel an Andacht tadeln; und das andre, wenn er uns sagt, der Zusatz wäre die Clausel,
Macht und Herrlichkeit gewesen, sollte seinen Ehrgeiz spotten; und beyde zusammen sollten zu verstehen
geben, daß er aus einem Mönch ein völlig seculari-
sirter geworden sey — Dr. Donne hatte damals sehr
viel Neigung zum Pabstthum, welches aus vielen
Zügen dieser Satiren erhellet. Wir finden unter seinen Werken einen kurzen satirischen Aufsatz, genannt,

ten mußte; kaum aber hatte er seine Kutte
weggeworfen, und die Ordensgesetze verlassen,
so betete er das Vater Unser ganz, und den
Beschluß, die Macht und Herrlichkeit mit.

Die Länder sind gekauft; aber wo sind die
alten Wälder, welche vormals den ganzen Boden beschatteten? Wir sehen keine neuerbaute
Palläste empor ragen, keine Küchen ahmen das
Feuer der Festa nach. Wo sind diese Haufen

Anmerkungen.

Catalogus seltner Bücher; ein Titel in demselben
heißt: M. Lutherus de abbreviatione Orationis Domi-
nicae, und zielet darauf, daß Luther in seinen beyden Catechismen die Doxologie ausgelassen, welches
zeigt, daß er den Spott liebte; und zwar in dem ersten Exempel (seiner Moral zum Besten) auf Kosten
der Wahrheit. Daß er den Erasmus und Reuchlin
mit dem Lully und Agrippa in einen Rang setzet, zeiget, was er damals von der Reformation hielt. Ich
will nicht anmerken, daß dieser Catalogus nach dem
berühmten Catalogus von der Bibliothek des St. Victor
von Rabelai geschrieben war. Er war einer der feinsten Züge in dieser ausschweifenden Satire (welche damals das Manual der witzigen Köpfe war) und wurde von vielen nachgeahmet; die besten Nachahmungen
sind diese vom Dr. Donne, und eine andre vom Sir
Thomas Brown.

von Armen, welche sich sonst vor der gastfreyen
Thüre des alten redlichen Landherrn drengten?
Ich wünsche, daß in den Häusern der Großen noch
immer einige Thiere, wiewohl nicht zu Heca-
tomben, geschlachtet würden; daß beyde Fehler
aus ihren Mauern verbannt wären, die Fasten
der Cartheuser, und verschwenderische Bacha-
nalen; und wie leicht könnten alle Menschen
dies gehörige Mittel treffen, worinn niemand
sich todt fressen oder verhungern kann. Wir
alle zwar gestehen, daß das gute Werke sind ⁵ ;
aber leider diese Werke sind nicht mehr Mode;

Anmerkungen.

⁵ **Wir alle zwar gestehen**, ꝛc. Donne sagt:
" aber, o! wir erkennen gute Werke für eben so gut,
" nur sind sie außer Mode. „ Die päpstliche Lehre von den guten Werken war eine von den Mißbräu-
chen der Religion, welche die Kirche von England in
ihren Artikeln verwarf. Hierauf gehen die Worte
des Dichters. Und nachdem er in dieser ganzen Satire verschiedentlich auf die Reformation gestichelt hat,
welches straffällig, und damals sehr gefährlich war,
so hatte er Ursache, sich an die Redlichkeit des Lesers
zu wenden, in den nachfolgenden Worten:

But my words none draws,
Within the vast reach of th'huge statutes jawes.

wie reiche altfränkische Kleider, sehr rare, sehr
vortrefliche Sachen sind, aber Sachen, die kein
Mensch tragen will.

So viel, hoffe ich, habe ich gesagt, ohne zu
beleidigen; kein Hofschmeichler verdrehe den
Sinn meiner Worte, und kein listiger Ohrenbläser belaure sie, um sie bey Verräthern und
bey den Gesetzen anzugeben [6].

Anmerkungen.

[6] Verrätherey, oder Gesetz. Unter Gesetz werden hier Rechtsgelehrte verstanden.

Vierte Satire.

Wohlan [1], wenn denn meine Stunde da ist, die Bühne zu verlassen, so lebt wohl, alle ihr Thorheiten der Zeit! ich will in Frieden mit den Thoren und Schelmen [2] sterben,

---

Anmerkungen.

[1] **Wohlan, wenn denn meine Stunde da ist rc.** Donne sagt: Well; I may now receive and die; "izt kann ich das Abendmahl nehmen und "sterben:„ eine sehr anständige Sprache bey einer so leichtfertigen Gelegenheit.

[2] **Ich sterbe in Frieden mit Thoren und Schelmen rc.** Wir glauben gewiß, daß er so starb. Aber bey der unmittelbaren Ursache seiner Abreise aus der Welt wird ein kleiner Unterschied unter seinen Freunden und Feinden gemacht. Seine Familie sagt, ein allgemeiner Verfall der Natur, welcher lange zugenommen, hatte sich mit einer Wassersucht in der Brust

und wenigstens jenseit dem Grabe meiner Ruhe
gewiß seyn. Ich habe hier in der Zeit mein
Fegefeuer ausgestanden, und für alle meine Satiren, für alle meine Reime gebüßet. Die Hölle des Poeten [3], seine Martern, Feinde und
Flammen sind, gegen diese Kleinigkeiten, Kin-
derspiele und leere Worte.

Mein

Anmerkungen.

geendiget. Die Herren der Dunciade behaupten,
er wäre durch die scharfe Feder unsers fruchtbaren Laureaten gefallen. Wir selbst sollten fast dieses letzte lieber glauben, damit wir seine Geschichte ausputzen
und sagen könnten, er sey, wie sein unsterblicher Na-
mensverwandte, Alexander der Große, von einer
Species von so todkalter Natur gestorben, daß sie,
wie uns Plutrach und andre glaubwürdige Schriftsteller sagen, nirgend anders als in der Hirnschaale
eines Esels gesessen haben konnte. Scribl. Dieses
ist ein grober Irrthum. Es war der Huf eines Esels;
ein Vehikel, welches weit eher schädliche Sachen enthalten kann. Arist.

3 Die Hölle des Dichters. Er hat hier mit
großer Klugheit den leichtfertigen Ausdruck des Originals verbessert: such as fear'd hell is a recrea-
tion — of this; gegen welches die gefürchtete
Hölle eine Erholung ist.

Mein Herz fühlte nie einen thörichten Stolz,
noch den eitlen Kitzel zu bewundern, oder bewundert
zu seyn; Ich erwartete von Ihro Gnaden keine
Bestallung, wollte keine Pfründe kaufen, kein
Amt erbetteln; hatte keine neue Verse [4], und
keine neue Kleider zu zeigen; und gieng dennoch
an den Hof! der Teufel wollte es so haben.
Aber gerade wie der Thor, der in den Tagen
der Reformation zum Spaß in die Messe gieng
(wie die Geschichte lautet) und seine Geldstra-
fe dafür seltsam fand, weil er es nicht in der
Absicht gethan hatte, um Gott zu dienen; so wurde auch ich gestraft, daß ich einmal an den
Hof gegangen war, als wenn ich das Gute
eben so sehr versäumte, eben so tief in Schulden steckte, ohne bezahlen zu wollen, eben so eitel, so müßig und so falsch wäre, als die, wel-

Popens W. B. 5.   O

Anmerkungen.

[4] Hatte keine neue Verse, keine neue Kleider rc. Er will andeuten, daß nur Poesie und neue
Kleider zur Ehre des Königs an den Hof kommen,
und nur auf einen Tag lang etwas zu reden geben.

che am Hofe leben. Kaum war ich da, so erschien mir ein Ding, welches Adam zu benen-
nen Mühe gehabt haben sollte; und Noah in
seinen Kasten, der sonst alles einnahm, was
kriechet, nicht würde gelitten haben: ein wahr-
hafteres Ungeheuer, als je die Sonne am Ufer
von Afrika brütete, oder der schlammigte Nil
gebahr, oder als Sloanes oder Woodwards
Cabinete aufweisen; ja alle lügende Reisebe-
schreiber erdichten können. Am Mittage würde
die Wache es schwerlich durchlassen, am Abend
würde sie glauben, es sey aus dem Mond herab
gefallen. Ein Ungeheuer, welches der Pöbel,
wenn wir nächstens wieder ein papistisches Com-
plot finden, oder machen, für einen Jesuiten
ansehen, wobey der weise Richter vom
Stuhl auffahren und rufen wird, bey deiner
Priesterwürde sage mir, wer bist du?

So sah es aus: sein Rock auf seinen Schul-
tern grob, aber ehrwürdig, kahl, aber schwarz,
war, nach der Mode zu urtheilen, in der Jugend der guten Königin Beß Sammet gewesen,
itzt aber bloßer Taffent; so wollte es die Zeit,

die alles verändert! Unsre Söhne werden ihn
allmählig abnutzen, erst bloßen Rasch, und dann
gar nichts werden sie sehen.

Dieses Ding hat gereiset, spricht alle Sprachen, und weis, was sich für jeden Stand
schickt; aus diesen Sprachen verbindet es die
besten Redensarten und artigsten Töne, und
macht eine einzige exotische und feinere daraus.
Schwätzer habe ich vertragen gelernt; ich kannte den Motteur, habe den Henley und den
Budgel selbst gehöret; den Stil des Doctor
Wormwood, den Mischmasch der Sprachen
eines Pedanten, den Sturm aus Gonsons
Lungen, die ganze Artillerie der Kriegswörter,
und, alle diese Plagen in einem zusammen, das
Zungengedresche vor Gericht, das alles konnte
ich ausstehen; aber nicht einen so höflichen Geck,
dessen Zunge euch zum Teufel complimentiret.
Eine Zunge, welche Wittwen betrügen, Schulden abthun, den Scots Verrätherey reden lehren, die feinsten Huren hintergehen, mit königlichen Lieblingen um die Wette schmeicheln, und

den Oldmixon und Burnet aus dem Sack lügen kann.

Er wird mich gewahr: ich seufze leise: gütiger Gott! mit welcher Sünde habe ich diese
Ruthe verdienet? daß diese deine Büchse mir
die ganze Lage der Dummheit geben muß! Erlauben Sie, ruft er einem Fremden, dem ihr
Ruhm nicht unbekannt ist, daß er sich ihre
Meynung erbittet — wofern — ihr Name
ist. Welche Rede halten Sie für die beste?
"des Königs, sagte ich. „ Aber für die besten Worte? "O! Herr, des Lexicons. „
"Sie verstehen mich nicht recht; ich meyne
"den nachdrücklichsten und vollkommensten Red-
"ner? „ — Ganz gewiß Onslow. "Aber
"der beste Schriftsteller? „ Schwift im ge-
drungenen Stil, aber Ho*y in Perioden einer
Meile lang ⁵. "Ja freylich, diese gehen schon

Anmerkungen.

⁵ Perioden einer Meile lang. Ein *stadium* des
Euripides war ein eingeführtes Spaßwort unter den
Griechen. Nach eben diesem spaßhaften Ausdruck hat

"mit: sind gute erträgliche Linguisten, und das
"war auch Panurgus. Ja auch die Apostel
"(wiewohl sie vielleicht zu rauh waren) hat-
"ten eine ziemlich gute Gabe der Sprache:
"aber sie waren doch alle armselige Leute ⁶!
"Ich wollte behaupten, daß sie das, was sie
"waren, durch Reisen wurden. „

O 3

Anmerkungen.

Cervantes das Gesicht seines Helden ein Gesicht von
einer halben Meile, genannt; welches alle seine Ue-
berseßer mit Einsicht ausgelässen haben, weil so wohl
der Spaß als das Maas des Ausdruckes gar zu groß
war, ohne Zweifel aus schuldiger Achtung der vernünftigen Regel Quintilians : Licet omnis hyperbole
sit vltra fidem, non tamen debet esse vltra *Modum.*
Scribl.

⁶ Aber doch waren sie alle armselige Leute ꝛc.
Hier hat unser Dichter den Wiß des Originals vergrößert. Donne läßt seinen Reisenden sich in seiner
Armuth mit der Betrachtung trösten, daß Panurgus
selbst, dieser große Reisende, und Linguist beym Rabelais, betteln gieng.

· Als er so auf eine feine Art andrer Talente
gerühmt hatte, kam er durch einen sichern Uebergang auf seine eignen: bis ich rief, ich sehe, sie sind sehr geschickt; Schade, daß sie
kein Tagelöhner zu Babel waren; denn hätten
sie damals einen Linguisten gefunden, nur halb
so geschickt wie Sie, so bin ich versichert, der
Thurm wäre fertig geworden.

" Wie höflich Sie sind! Gewiß Sie sind für
" den Hof geschaffen : warum begraben Sie
" sich denn auf ewig in Dunkelheit? Geister,
" wie Sie, sollten sehen, und sich sehen lassen;
" der König würde Ihnen lächeln — wenig-
" stens die Königin. „ Ach! süßer Herr! wie
wisset ihr Hofleute nicht zu liebkosen! — aber
Tullius sagt, *nunquam minus solus:* und von
den Höfen erlauben Sie mir zu sagen, man
unterrichtet nicht mehr so wie die Spartaner.
Aretin hat wenig bekehret, ob er gleich in seinen Gemälden die Wollust sehr vollkommen
ausdrückte; und obschon der Hof das Laster
ungemein deutlich zeiget, so sollte doch meines
Erachtens, niemand daselbst die Tugend lernen.

Außer sich über diese Worte, erhebt er Hände und Augen, schreyet wie eine stark gespann-
te Lantensaite, und spricht: "O! es ist das
angenehmste auf der Welt, "Prinzen zu sehen,
"und von Königen zu reden." So ist der
Mann glücklich, der die Grabmäler zeigt! sagte
ich; er wohnt mitten unter der königlichen Familie; er kann täglich von einem Könige zum
andern gehen, kann von allen unsern Heinrichs,
von allen unsern Edwards reden, und was
wenige von den lebendigen Monarchen erhalten,
Ruhe und Brod durch Wahrheiten verdienen,
die er von den Todten redet. "Ach! mein
"Herr, Sie reden wie ein Handwerker! wie
"niedrig, welche rauhe Redensarten — ihr
"Engländer seyd alle so! Aber wie zierlich sind
"unsre Franzosen *?" Meynen Sie meinen?

O 4

Anmerkungen.

* Im Text befindet sich ein Jdiotismus, der eine
Zweydeutigkeit hat, worauf die Antwort richtiger pas-
set, der sich aber nicht anders übersetzen läßt — How
elegant *your* Frenchmen? "mine, dye mean?"

Ich habe nur einen; ich hoffe der Kerl ist
reinlich. "O! Herr unvergleichlich! Sie aber
"tragen gewiß kein andres Kleid, als Büffel.„
Nein, Sir, nicht immer; ich habe noch beſſere, und dieſes, wie Sie ſehen, iſt nur mein
Alltagskleid. Begierig, ſeiner los zu ſeyn, ſu-
che ich ihn ungeduldig zu machen, verſtehe alles unrecht, rede verworren, widerſpreche ihm
in allem. Aber wie rauhes Eiſen geſchärft mehr
verwundet, und die Krätze empfindlicher wird,
wenn ſie durch Kratzen zum Geſchwür wird; ſo
wird zum Unglück ein Narr, den man zerret,
nur immer noch ärger.

Er ließ das gehen: ſtellte ſich, als wenn er
über meine Albernheit lachte, und ſprach im
andern Tone: "was giebt es Neues?„ Ich
erzähle ihm von neuen Schauſpielen, neuen
Caſtraten, Harlekins und Opern; und unge-
neigt, mich mit gar zu geſchwinden Antworten
zu bereichern, läßt er nach und nach eine Lüge nach der andern entfallen, wie eine gefüllte
Diſtillirkolbe nach halben Minuten einen Tropfen nach dem andern giebt. Elende häusliche

Kleinigkeiten! von Gallatägen, Bällen und
Spielen, mehr als zehen Zollensheads, oder
Halls oder Stóws erzählen. Er weis, wenn
die Königin böse aussah, oder lächelte, und
wie sich ein feiner Minister dieser Augenblicke
bedienen kann. Wer sündiget, und mit wem:
wer seinen Gehalt gewann, oder eine Anwart-
schaft durch ein Recept beschleunigte; von wes-
sen Bedienung ein Drittheil abgenommen, und
wem es gegeben wird, ob einem Bischof, oder
einer Hure: wer seinen Credit verlohren, seine
Einkünfte verpfändet hat, und deswegen fähig
ist, ein Gouverneur zu werden: wer unter der
Hand mit sichern Fonds handelt, und die un-
wissende Wittwe und den Armen betrügt: wer
mit einer anvertrauten Vorsorge für die Armuth
Wucher treibt; und durch eine Parlamentsacte
die Freyheit zu rauben erhält; warum die Schlag-
bäume angelegt werden, und itzt weder Bürger noch Bauer *gratis* das Land oder die Stadt
sehen kann: Kurz, warum kein Knabe Chuck,
kein Frauenzimmer in Charten spielen soll, ohne daß irgend ein Höfling seine Accise bekomme. Er sagt, welche Metze Aemter auf Lebens-

O 5

lang, welcher Squire seine Länder, welcher
Bürger seine Frau verkauft; und endlich,
(was das größte Zeugniß von seiner Weisheit
ablegt) welcher Dame Gesicht keine geweißte
Wand ist [7].

Wie einer von **Woodwards** [8] Kranken speye

Anmerkungen.

[7] **Welcher Dame Gesicht 2c.** Das Original ist
hier sehr lustig. Der Strom seiner Verläumdung endigt sich so: and wiser than all us he knows what
Lady, (und weiser als wir alle, weis er, welche Dame) der Leser erwartet den Beschluß — *what
Lady is painted.* (Welche Dame geschminkt sey)
Nein, gerade das Gegentheil, what Lady is not painted (welche Dame nicht geschminkt sey) und giebt
satirisch zu verstehen, daß das ein besserer Beweis
von der Güte seines Verstandes sey, als das andre.
Der Leser siehet, daß in diesen einfältigen Worten eine größere Stärke lieget, als in den Worten, die der
Nachahmer braucht. Und die Ursache ist diese, weil
die Satire nicht auf das gehet, was bey dem Schmin-
ken verhaßt ist, in diesem Fall würden die Worte,
eine geweißte Wand, dem Ausdruck Stärke gegeben
haben; sondern auf die öftere Gewohnheit, welches
nur schlechthin fodert, daß die Sache genannt wurde.

[8] **Wie einer von Woodwards Kranken 2c.**
Er zielet auf die Wirkungen seiner bey Gallenkrank-
heiten gebrauchten Dele.

ich aus, bin übel — aber er stopft mich immer noch voller; nimmt die Waagschaale Eu-
ropens, spielt mit Vortreflichkeit die Rolle des
Staatsmanns, und sagt ganze Zeitungen und
geheime Depeschen aus dem Kopf her. Gleich
einer schwangern Frau, welche Speise siehet,
wofür ihr ekelt, und bereit ist, sich zu übergeben, gähne, seufze und schwitze ich. Darauf
schimpft er auf den Minister, wie ein privilegirter Spion, dem nichts den Mund stopfen
oder schaden kann; schwöret, daß iede Bedienung auf alle zukünftige Jahre in ununterbro-
chener Folge bis an den jüngsten Tag vergeben
sey; nennt den für jedes Amt bezahlten Preis,
und sagt, unsre Kriege sind deswegen unglücklich, weil sie in die Länge gezogen werden, ja
giebt zu verstehen, Spanien treibe seine Raubereyen fort, und Dünkirchen sey nur deswegen noch immer ein Haven, weil der Hof durch
die Finger siehet. Die Gäste der Circe erstaun-
ten nicht so sehr, da sie sich ganz in Vieh verwandelt sahen, als ich, da ich merkte, daß ich
ein standhafter und verständiger Unterthan,
durch Ueberraschung schon halb zu einem Ver-

räther geworden war. Ich fühlte, daß seine
Seuche mich ansteckte, so wie einer, der die
venerische Seuche hat, sie einem andern an-
hängt, um selbst ihrer los zu werden; und
mich dünkte, ich sah eine von unsern Riesen-
verordnungen ihren Rachen aufsperren, um mich
zu verschlingen.

In diesem gefährlichen Augenblicke, als er
eben eine andre Lüge fertig hatte, kam der Minister. Er flog ihm entgegen, bückte, und bückte sich noch einmal, und mischte sich dann unter das schmutzige Gefolge. Fannius selbst ist
nicht so unverschämt nahe, wenn seine halbe
Nase in dem Ohre seines Prinzen steckt. Ich
zitterte bis ins Herz; und voll Furcht, den ganzen Hof mit noch seltsamern Dingen, als er
war, angefüllt zu sehen, lief ich so geschwind
davon, wie einer, der seine Bürgschaft stellt,
und mehr Anklagen befürchtet, aus einem Gefängniß läuft.

Es trage mich ein Gott, geschwind trage er

mich von hier ⁹, in die heilsame Einsamkeit,
der Mutter des Verstandes! wo die Betrachtung ihre rauhen Flügel streichet, und die freye
Seele mitleidig auf Könige herunter siehet! da
verfolgte der vernünftige Gedanke seinen angenehmen Gegenstand, bis die Phantasey ihm
Farben gab, und einen Traum bildete. Ein
Traumgesicht kann Einsiedler in die Hölle versetzen; und zwang so gar mich, die Verdammten am Hofe zu sehen. Nicht Dantes, als er
im Traum den höllischen Hofstatt erblickte, sah
solche Scenen des Neides, der Sünde und des

Anmerkungen.

⁹ **Es trage mich.** Diese vier Zeilen sind ungemein
erhaben. Seine Ungeduld in dem Lande des Lasters
ist so groß, wie die Ungeduld Virgils in dem Lande
der Hitze. Sie rufen beyde, als wenn sie halb schon
von der geschwefelten Luft des Ortes erstickt wären:

O qui me gelidis —

O geschwind trage er mich weg,

Haſſes. Niedrige ¹⁰ Furcht ſchickt ſich für den
Sträflichen, nicht für den, der frey iſt; ſchickt
ſich für Tirannen, Räuber, aber nicht für
mich. Sollte ich, der Schrecken dieſer ſündli-
chen Stadt, ſollte ichs achten, ob ein Livrey
tragender Lord lachet, oder zürnet? Ich, der
nicht ſchmeicheln, wohl aber verfluchen kann,
ich ſollte vor einem Edlen zittern, der als Knecht
dienet? O! meine ſchöne Geliebte, Wahrheit!
ſollte ich dich für den eingebildeten, pralenden,
aufgeblaſenen Adel verlaſſen? Du, die du
ſeit geſtern über alle geſchäftigen, müßigen
Phantaſten der Erden deinen Lauf vollendet
haſt, o Sonne! haſt du leerere Thoren geſehen, als die, welche dieſe Blatter eines Hofes
aufſchwellen? Itzt hole der Henker die, welche
einen Hof in Wachs zeigen ¹¹! Sie ſollten

Anmerkungen.

¹⁰ **Niedrige Furcht.** Dieſe vier vortreflichen Zeilen ſchicken ſich für das hohe Amt, welches er angenommen, und ſo edel geführet hatte.

¹¹ **Ein Hof in Wachs!** Eine bekannte Vorſtel-
lung des franzöſiſchen Hofes in Wachs, welche man
öffentlich ſehen ließ.

alle Hofleute auf ihren Rücken nehmen. Solche bunte Puppen! Solch ein gefirnißter Haufen von hohlen Kinderspielen, die nichts sind,
als Kleid und Gesicht! Solche wächserne Nasen! Solche stattliche gaffende Dinge — kein
Wunder, daß einige Leute sich beugen, und sie
für Könige halten.

Siehe, wie die brittische Jugend, nicht mehr
bey Fig oder White [12], bey Verräthern oder
Huren Zeitvertreib suchet, sondern dem Hofe
seine letzte Pflicht bezeiget, und ganz neu und
düftend ins Sprachzimmer gehet; in so mun-
tern Farben, und so göttlichen Gerüchen, wie
die schönen Felder, welche sie verkauften, um
so schön zu werden. "Das ist Sammet, den
"ein König tragen könnte!„ ruft der Schmeichler; es ist wahr, über zehen Tagen wird ihn

---

Anmerkungen.

[12] Bey Fig, oder White. White hielt ein bekanntes Spielhaus: Fig hielt eine Fechtschule, wo damals die jungen Edelleute sich unterrichten ließen: der
hohe und niedre Adel hatte auch die Gewohnheit, die
verurtheilten Verbrecher in Newgate zu sehen.

der König Lear tragen. Unser Hof kann mit Recht unsrer Schaubühne Gesetze vorschreiben [13]; er versiehet sie mit Narrentrachten, und mit Narren. Und warum prangen Schauspieler nicht in Kleidern der Hofleute? denn diese agiren so gut wie jene: der Mangel erreichet alle Stände; jene betteln nur in besserer Kleidung, und alles ist zum höchsten prächtige Armuth.

Fürs Auge bemahlt, und für die Nase mit Essenzen gesalbet, segeln die Damen, wie mit Spezerey und Cochenelle beladene Fregatten, herein. Wie ist das Auge jedes Seeräubers auf ein so schwaches Fahrzeug und eine so reiche Beute geheftet! Er brüstet sich, und redet sie an; sie, in allem ihrem Aufputz streichet vor ihm die Segel: "Theure Gräfin! Ihre "Reizungen nehmen alle Herzen ein!„ "Süs- "ser

---

Anmerkungen.

[13] **Unsrer Bühne Gesetze geben.** Er zielt auf die Absicht des Kammerherrn.

"ser Sir Fopling! wie viel Verstand haben
"Sie!„ Solcher Witz, und solche Schönheiten werden nicht umsonst gelobet, denn so wohl
die Schönheit als der Witz werden gekauft.
Selbst Heraklit würde vor Lachen bersten, diese Antiken, den Fopling und Courtine zu sehen. Man sollte die Antichamber, voll von so
kostbar albernen Dingen, für die Moschee des
Mahomed, oder sonst eines seltsamen Pagoden
ansehen. Siehe, wie diese nach den besten Ver-
hältnissen des ganzen Stutzergeschlechts gemach-
ten Thoren nach Dürers Regeln 14 ihre Glieder betrachten, ihre Kleider zurecht legen, und
diese verzeihlichen Sünden, ein Stäubchen
oder einen Strohhalm beichten; aber o! wie
muß die Seele in Schrecken und Verzweif-
lung gerathen, wenn sie dieser sterblichen Sünde eines Loches überwiesen wird; oder wenn
auf diesen Affenschwanz, der hinter seinem
Kopfe hüpft, ein Pfund Puder zu wenig ge-

Popens W. B. 5. P

Anmerkungen.
14 Dürers Regeln. Albert Dürer.

ſtreuet iſt! So aufgeputzt, und bis auf ein
Haar verſchönert, gehen ſie fort, um ihre Stunde lang vor der Schönen zu ſchwatzen. So
geht ein Capellan, der zum erſtenmal predigen
ſoll, mit weiſſen Handſchuhen, mit einem li-
lienweiſſen Kragen, und roſenrothen Wangen
zur Kanzel, ſüßer als Sharon, im Aufputz
ohne allen Fehl, ſo nett, daß er ein Narr
darüber wird. So bald die Damen nur lachen; ſo ſind ſie glückſelig, o! wie verſichern,
wie verſichern ſie nicht! Still, ihr Thoren,
oder Gonſon wird euch für Papiſten greifen
laſſen, wenn er euch einmal bey eurem Jeſu,
Jeſu, erhaſchet.

Die Natur machte einen Phantaſten zur Plâ-
ge ſeines Bruders, ſo wie eine Schönheit die
andre kränket. Aber hier kömmt der Hauptmann, der ſie beyde plagen wird, deſſen Mine,
ins Gewehr! ruft, deſſen Blick ſchon ein Fluch
iſt: doch, ihr Herren, der Hauptmann iſt offenherzig, und das iſt genug; ob gleich ſeine
Seele eine Kugel, und ſein Leib von Leder iſt.
Er ſpeyet gerade zu, ſein ſtolzer Kaſten vor

der Brust stößt, wie ein Sturmbock, alle Thüren auf; und mit einem Gesichte, so roth und
so schief, wie der Henkerknecht des Herodes
auf alten Tapeten, wie ein Glas, womit man
Kinder schreckt, wofür schwangere Frauen sich
entsetzen, hat er doch noch die seltsame Begierde, noch scheußlicher auszusehen; beschämt den
Höflichen, macht den Groben furchtsam; spaßt
wie ein privilegirter Narr, und gebietet, wie
das Gesetz.

Erschrocken verlaß' ich das Zimmer, aber verlaß' es so, wie Leute, die aus dem Gefängniß zum Richtplatz gehen; denn ich sehe die
Wand mit Todtsünden behangen [15], und mit
Riesen bewacht, die noch tödtlicher sind, als
die alle: jeder ist ein Askapart [16], so stark,

P 2

Anmerkungen.

[15] **Mit Todtsünden behangen.** Das Zimmer,
war mit einer Tapete behangen, worauf die sieben
Todtsünden vorgestellet waren.

[16] **Askapart.** Ein in Romanen bekannter Riese.

daß er Temple — bar und Charingcroß nach dem Ziel werfen könnte. Erschrocken vor den gräßlichen Gestalten schwitze ich, laufe, und bebe an allen Gliedern, wie ein entdeckter Spion.

Höfe sind zu viel für einen so schwachen Witz, als der meinige: Kühner Lehrer des Glaubens! greif du sie mit dem Geschoß des Himmels an: von denen allein leidet der Große Verweise, deren Satire heilig, und deren Zorn sicher ist: ich kann nur einige kleine Flecken abwaschen, sie müssen die Fluth über die Sünden ergießen, und einen Hof in Thränen ersäufen. Indeß wird mein Witz, der itzt Apocrypha ist, dereinst vielleicht für die heilige Schrift gehalten.

Epilogus
zu den Satiren
in zwey Gesprächen.

Geschrieben im Jahre 1738.

Epilogus
zu
den Satiren
geſchrieben im Jahre 1738.

⁂══════════⁂

Erſtes Geſpräch.

Fr. **N**icht zweymal ¹ im ganzen Jahre laſſen Sie drucken ² , und kömmt end-

P 4

Anmerkungen.

¹ In der Handſchrift: "Ich hoffe, Sie werden
"Ihr Handwerk nicht aufgeben, weil Sie glauben,
"daß Sie ſich ſchon Ehre genug gemacht haben: wie
"der gute **, von dem geſagt wurde, daß er zu
"Bette läge, wenn ſein Name aufgeſtanden wäre.

lich ein Stück, so findet der Hof nichts
darinn 3. Sonst schrieben Sie mit Begeiste-
rung, itzt werden Sie correct; und außerdem
sind Sie für einen Dichter zu moralisch. So
geht es leider allen! die Talente nehmen ab! —
Und ertappe ich Sie nicht diesen Augenblick
bey einem Diebstahl! Alles das gehört dem
Horaz; Horaz sagte lange vor ihnen; "Tories
"nennen mich einen Whig, und Whigs einen
"Tory:„ er lehrte seine Römer in weit bes-

Anmerkungen.

"Kommen Sie, ermuntern Sie uns durch ein lusti-
"geres Gedicht, oder Sie werden, wie ** zu lange
"im Bette liegen.„ P. Mein Herr, was ich schreibe, möchte ich gern correct schreiben. F. Correct!
Kein Genie wird das leiden: außerdem rc.

2 Nicht zweymal im Jahre rc. Diese beyden
Zeilen sind aus dem Horaz; und zwar die beyden einzigen in dem ganzen Gedichte, die von ihm sind; sie
sollen eine Veranlassung zu dem geben, was in dem
Character eines unvernünftigen Tadlers folget: "Al-
"les das ist aus dem Horaz.„ P.

3 So findet der Hof nichts darinn. Er wählte
diesen Ausdruck wegen feiner netten und satirischen
Zweydeutigkeit. Seine Schriften haben dergleichen
in Menge.

sern Verſen, "die Thoren auslachen, die ihr
" Heil auf den Peter bauen,„ 4.

Aber, mein Herr, Horaz war fein und
ſchlau: Bubo bemerket 5; daß er keine Art
P 5

Anmerkungen.

4 Und lehrte ſeine Römer in weit beſſern
Verſen über Thoren lachen, die ihr Heil auf
den Peter bauen. Die allgemeine Wendung des
Gedankens iſt von dem Boileau:

> Avant lui Juvenal avoit dit en Latin,
> Qu'on eſt aſſis à l'aiſe aux ſermons de Cotin.

Aber die Ironie in der erſten Zeile, und die ſatiriſche
Zweydeutigkeit in der zweyten bezeichnen ſie als ſeine
eigne Zeilen. Es iſt luſtig, daß er ſeinen Gegner ſagen läßt, Horaz überträfe ihn in Verſen. Und die
Zweydeutigkeit des, ihr Heil auf den Peter bauen,
giebt zu verſtehen, daß Horaz und er öfters über dieſe beſondre Thorheit, welche aus Trägheit entſtehet,
wodurch die Menſchen ſo geneigt ſind, ſo wohl ihre
geiſtliche als zeitliche Anliegenheiten ohne Bedingung
der Sorge eines heiligen und nicht geheiligten Betrü-
gers, der den Namen Peter führet, zu überlaſſen,
gelacht habe.

5 Bubo bemerket. Eine ſchuldige Perſon, welche
ſehr gern eine ſolche Bemerkung macht. P.

von Laster peitschte: Horaz würde etwan sagen; Sir Billy diente der Krone, Blount
konnte Geschäften vorstehen, H—ggins [6]
kannte die Stadt; wenn er von der Sappho
redete, so würde er nur die Schwachheiten
des schönen Geschlechts berühren, bey ehrwürdigen Bischöfen einige kleine Nachläßigkei-
ten bemerken, und etwan gestehen, der Spa-
nier habe einen übeln Possen gespielt, daß er
Engländern die Ohren abschnitte, und sie damit zum König schickte [7]. Seine listige, feine,
einschmeichelnde Schreibart gefiel dem Hofe,
und zwang den Augustus zu lachen: ein so
verschlagner Künstler, daß er sich zwischen sei-

Anmerkungen.

[6] H — ggins. Vormals Aufseher über das Gefängniß für die Flotte, bereicherte sich durch viele Er-
pressungen, worüber er angeklaget und verwiesen
wurde.

[7] Der Engländer die Ohren abschnitte. Man
sagt, daß es ein Capitain eines spanischen Schifs mit
einem gewissen Jenkins, Capitain eines englischen
so gemacht haben soll. Er schnitte ihm die Ohren
ab, und sagte ihm, er möchte sie seinem Herrn, dem
König, bringen.

nem Freund und der Schaam ins Mittel
schlich, und gewissermaaßen eine Scheidewand [8] wurde. Aber Sie wahrhaftig werden
bald Ihre eigne Freunde empfindlich machen.
Es giebt Patrioten [9], welche wünschen, daß
Ihr Spaß ein Ende nähme. Und ich sehe
nicht, was für Ehre er bringt? Man wird
nur denken, daß der Große [10] ihnen niemals
einen Heller angebothen habe. Gehen Sie,
besuchen Sie Sir Robert. —

Anmerkungen.

8 Scheidewand.

Omne vafer vitium ridenti Flaccus amico
Tangit, et admissus circum praecordia ludit.
Per. P.

Eine Metapher, welche eigenthümlich einer gewissen
Person von hoher Bedienung zugeeignet ist. P.

9 Es giebt Patrioten. Dieser Name wurde meistens denen beygeleget, die wider den Hof standen.
Obgleich einige davon (worauf unser Verfasser zielet) zu niedrige und eigennützige Absichten hatten,
diesen Namen zu verdienen. P.

10 Der Große. Ein Name, den der gemeine Gebrauch dem ersten Minister beylegte. P.

P. Den Sir Robert besuchen — Hin —
und nie wieder lachen? — in meinem ganzen
Leben nicht wieder? Gesehen habe ich ihn [11],
aber in einer glücklichern Stunde seiner gesell-

Anmerkungen.

[11] Gesehen habe ich ihn. Dieser und andre
rühmliche Züge in folgendem Gedichte, wie auch seine Hochachtung gegen ihn bey allen Gelegenheiten,
sollten eine Erkenntlichkeit für einen gewissen Dienst
seyn, den der Minister einem Priester, auf Vorbitte
Popens erzeigt hatte. Als unser Dichter gegen sie-
benzehn Jahr alt war, hatte er auf dem Lande ein
sehr böses Fieber, und man besorgte, daß er daran
sterben möchte. In diesem Zustande schrieb er an
den Southcot, einen Priester, den er kannte, und der
damals in London war, um von ihm Abschied zu nehmen. Southcot wandte sich aus großer Liebe und
Bekümmerniß an den Dr. Radcliffen, und fragte ihn
um Rath. Und damit noch nicht veranügt, ritte er
geschwind zu dem Herrn Pope, der damals hundert
Meilen von London entfernt war, und brachte ihm
die Vorschriften des Doctors, welche die erwünschte
Wirkung thaten. Eine lange Zeit hernach schrieb
Southcot, der an dem Hofe in Frankreich ein An-
liegen hatte, an einen gemeinschaftlichen Bekannten
in England, berichtete ihn, daß bey Avignon eine gute Abtey offen stünde, welche er wohl zu erhalten
hoffte, wenn er nicht besorgte, daß es dem englischen
Hofe, dem er (Southcot) durch seine Intrigen in
dem Dienste des Pretendenten sehr verhaßt geworden

ſchaftlichen Freuden, die man übel für die Gewalt vertauſchet; ich ſah [12] ihn, unbeläſtigt
von dem feilen Schwarm, ohne Falſchheit lachen, und ohne Beſtechung gewinnen. Wenn
er mir einen Dienſt erzeigen will, ſo laſſe er
mich nur ſehen, daß er mich nicht für das an-
ſieht, wofür er alle Menſchen hält [13]. Nur

Anmerkungen.

war, Argwohn geben möchte. Da die Perſon, an
welches dieſes geſchrieben war, dem Hrn. Pope zufäl-
liger Weiſe die Sache ſagte, ſo ſchrieb er ſo gleich
beswegen an den Sir Robert Walpole; bat ihn, dieſes Hinderniß zu heben, und machte ihm zugleich die
Urſachen bekannt, warum er ihn darum bäte: er hätte
dem Southcot ſein Leben zu danken, und er müßte
ſich ſeiner Verbindlichkeit entweder hier oder im Fegefeuer entledigen. Der Miniſter nahm den Antrag
gütig auf, und ſchrieb mit vieler Gutherzigkeit an ſeinen Bruder in Frankreich, daß er dieſes Hinderniß
heben möchte. Hierauf erhielt Southcot die Abtey.
Pope behielt für dieſe Gefälligkeit beſtändig eine Dankbarkeit für ihn.

[12] Ich ſah ihn unbeläſtiget. Dieſe beyden Verſe ſtanden urſprünglich in dem Gedichte, ob ſie gleich
in allen erſten Ausgaben ausgelaſſen ſind.   P...

[13] Wofür er alle Menſchen hält. Dieſe Bitte
ſcheinet etwas ungereimt zu ſeyn: allein ſie iſt es

getroſt! er lacht gewiß über alles, worüber ich lache; nur das iſt der Unterſchied, ich habe das Herz, laut zu lachen.

F. Lachen Sie immer! Verfahren Sie mit der Schrift ſo frey Sie wollen [14]; lachen Sie

Anmerkungen.

─────────────────

eben ſo wenig, als der Grundſatz, worauf ſie ſich beziehet. Es ſcheint, als wenn dieſer große Miniſter alle Leute für Betrüger hielt; und daß ein jeder ſeinen Preiß hätte. Man gab dieſes gemeiniglich für einen Beweis von ſeiner Scharfſichtigkeit und großen Weltkenntniß aus. Andre würden es lieber für einen Beweis von einem eingeſchränkten Verſtande anſehen, welcher nach einigen Sittenſprüchen des Rochefaucault, und nach der verderbten Gewohnheit derer, womit er gemeiniglich umgieng, ſo dreiſt von dem Charakter ſeines Geſchlechts urtheilte. Es iſt gewiß, daß man einen Thorwärter herzlich auslachen würde, wenn er eben ſo ſchließen wollte.

14 Verfahren ſie mit der Schrift. Ein Schmierer, welcher ſich nur bloß dadurch einen Ruf erwerben kann, wenn er ſich nach der Mode richtet, wird dieſes ſchändliche Mittel zur Erhaltung ſeiner vergänglichen Exiſtenz gern gebrauchen. Aber ein wahrhaftes Genie könnte nichts thörichters thun, oder ſeinen eignen Endzweck leichter zerſtören. Der weiſe Boileau pflegte davon zu ſagen: "Un ouvrage ſevere peut bien plaire aux libertins; mais un ouvrage trop libre ne plaira jamais aux perſonnes ſeveres.„

über die Tugend aus vollem Halſe: Spaßen
Sie über den Jekyl ¹⁵, oder über jedweden
alten Whig, der ſeine Grundſätze ſo ſelten verändert, als ſeine Perücke. Ein Patriot iſt zu
allen Zeiten ein Narr, den alle Kämerer gern
auf die Bühne bringen laſſen: Dieſe kehren
ſich an nichts; ſie bleiben immer bey ihrer Mode, und tragen ihre wunderliche altfränkiſche
Tugend nach ihrem Kopfe.

Wenn jemand ſie fragt: "wer iſt der Mann,
"der ſo nahe bey ſeinem Prinzen Verſe ſchreibt,

Anmerkungen.

Ibid. **Verfahren ſie mit der Schrift ꝛc.** So
zum Exempel hatte der Mann, den man gemeiniglich
Mother Oſborn nennet, der von einem Miniſter gehalten wurde, und Journale ſchrieb, für ein Blat
für den Sir Robert, ſehr oft zwey gegen den J. C.

¹⁵ **Spaßen Sie über den Jekyl.** Sir Joſeph
Jekyl, Rollenmeiſter, ein wahrer Whig nach ſeinen
Grundſätzen, und ein Mann von der größten From-
migkeit. Er gab oft ſeine Stimme wider den Hof,
welches ihm das hier beſchriebene Gelächter von einer
Perſon zuzog, welche eben ſo gut über Religion und
Tugend lachte. Er ſtarb einige Monate nach dem Ab-
druck dieſes Gedichtes. P.

"und sein Ohr gewonnen hat," so antworten
Sie dreist, Littelton [16]; und ich wette, der
würdige Jüngling wird nie in Zorn gerathen. Wären aber seine Verse elend, wäre er
ein niederträchtiger Ohrenbläser, so würde er
es bald so machen, wie Lord Fanny. Der
redliche Fleury ärgert sich nicht, wenn er Sejan oder Wolsey genannt wird [17]; aber freylich einen andern Staatsmann können diese
Namen leicht in Wuth bringen.

Lachen

Anmerkungen.

16 **Sagen Sie Littelton.** Georg Littelton, Secretär des Prinzen von Wallis, der sich so wohl durch
seine Schriften als Reden für die Freyheit hervor that.

17 **Sejan, Wolsey.** Der eine ein gottloser Minister des Tiberius, der andre Heinrich des Achten.
Diejenigen, die wider den Hof schrieben, legten gemeiniglich diese und andre verhaßte Namen dem Minister, ohne Unterschied, und auf die anstößigste Art
bey. S. Zweytes Gespräch.

Fleury: der Cardinal und Minister Ludewigs XV.
Es war damals eine patriotische Mode, seine Weisheit
und Tugend auszuschreyen. P.

Lachen sie demnach über alle, nur nicht über
Narren und Feinde; diese machen sie nur böse, und jene werden sie nicht bessern. Lachen
sie über ihre Freunde, und werden diese Freunde empfindlich; desto besser; sie können alsdenn
noch mehr lachen [18]. Seinen Spott auf Laster und Thorheit einschränken, das heißt eine
Hälfte der Welt der andern entgegensetzen,
wenn nicht der Spott unparteylicherer Männer
über Verstand und Tugend alles wieder ins
Gleichgewicht brächte. Verständige Dichter brei-
ten ihre Spötterey weit aus, und trösten lieb-
reich den Schelm und den Narren.

P. Lieber Herr! vergeben sie mir das Vor-
urtheil der Jugend! Gehabt euch wohl, Unterschied, Satire, Feuer und Wahrheit; Künftig wähle ich mir die unschädliche Schreibart,

Popens W. B. 5.　　　　　Q

Anmerkungen.

18 Desto besser, sie können alsdenn noch mehr
lachen. Denn ihr Verdruß ist ein klarer Beweis,
daß sie diese Zucht öfters nöthig haben.

die niemanden trift! die Beredsamkeit des Henley, den Witz des Osborn [19], den Honig,
der von der Zunge des Favonio tröpfelt, die
Blumen des Bubo, und den Fluß des X — ng!
Den sanften Thau [20] der Kanzelberedsamkeit [21],
und die ganze wohl gepeitschte Sahne des Hof-

Anmerkungen.

[19] **Henley = = Osborn.** Man sehe sie an ihrem
Orte in der Dunciade.

[20] **Den sanften Thau.** Zielet auf einige Hofpre-
digten und blumenreiche Lobreden; vornehmlich auf
eine, welche sehr voll Kindereyen und Schmeicheleyen
war; nachmals in eben dem artigen Stil in eine Addresse gesetzt wurde; und zuletzt in einem Epitaph
nicht lateinisch und nicht englisch geschrieben, von ihrem Verfasser wieder aufgetischet wurde. **P.**

[21] **Der sanfte Thau der Kanzelberedsamkeit.** Unser moralische Barde war kein großer Adept
in der Theologie, und ließ sich auch nicht in die Tiefen der Kanzelberedsamkeit ein; welches denn:
(und es ist ewig Schade!) sein Urtheil von Sachen,
bey gewissen Gelegenheiten, nur seichte machte. Es
ist offenbar, daß er über dieses Meisterstück der Kanzelberedsamkeit spottet. Aber Meister Doctor Thomas
Playfere hätte ihn eines bessern belehren können.
Dieser berühmte Hoftheologe leget in seiner Hospi-
tal-Rede, die er im Jahr 1595 hielt, das ganze
Geheimniß dieser Sache an den Tag.

geschmacks, die erst dem H — ry, dann dem
F —, hernach dem S — te, und endlich
wieder dem H — ry, gehörte; und dich, du
leichter ciceronianischer Stil, der so sehr La-
tein, und doch zugleich so sehr englisch ist,
daß ihn, der stolze Midleton oder Bland
mag sagen, was er wolle, alle Knaben lesen,

Q 2

Anmerkungen.

„Die Stimme eines Predigers, (sagt er, er selbst
„ein mächtiger Prediger) muß die Stimme eines
„Rufers seyn, welche nicht pfeifen sollte, um das
„Volk tanzen zu lassen, sondern klagen, damit es wei-
„ne. Daher kam es, daß in dem alten Gesetz keiner,
„der blind war, oder einen Fehler an den Augen
„hatte, dem Altar dienen konnte; weil er wegen die-
„ses Hindernisses in seinem Auge seine innerliche Be-
„trübniß nicht durch äußerliches Weinen zeigen kann.
„Und wenn sie ihren Erstgebohrnen aufopferten, wel-
„cher gemeiniglich in jeder Familie ihr Priester, oder
„ihr Prediger war, opferten sie auch mit ihm zu-
„gleich zwey Turteltauben, oder zwey junge Tauben.
„Dieses Paar Turteltauben bedeutete ein Paar
„trauernde Augen: diese zwey junge Tauben be-
„deuteten gleichfalls zwey weinende Augen: und
„bey diesem Opfer betheten sie für ihren Erstgebohr-
„nen, daß er nachmals selbst solche Augen haben möch-
„te. Denn in der That, wie auch Augustin saget,
„geschiehet mehr Gutes durch Seufzen, als durch

und Mädchen verstehen können [22]: Dann kann
ich singen, ohne im geringsten zu beleidigen,
und alles, was ich singe, werden die Gedanken der Nation [23] seyn; oder kann die be-
trübte Muse Klagen lehren, den traurigen Vers
an Carolinens [24] Urne hängen, und ihren

Anmerkungen.

" Reden, durch Weinen als durch Worte. Plus ge-
" mitibus quam sermonibus, plus flectu quam affatu. „

[22] Alle Knaben lesen, und Mädchen verstehen
können. D. i. voll von Schulbücher Redensarten,
und Anglecismen.

[23] Die Gedanken der Nation. Das politische
Gewäsche der damaligen Zeiten.

[24] Carolina. Des Königes Georg II. Gemahlin.
Sie starb im Jahr 1737. Ihr Tod veranlassete, wie
oben bemerket worden, manches unvernünftige, und
ihres Andenkens unwürdige Werk; sie entdeckte in ihren letzten Augenblicken den größten Muth, und die
stärkste Entschlossenheit. P.

Wie große Gedanken unser Dichter von dieser wahrhaftig großen Person hatte, kann man aus einem seiner Briefe an den Herrn Allen sehen, den er um
diese Zeit schrieb; unter andern gleich ehrerbietigen
Ausdrücken heißt es auch also: " Die Königin bewies,
" nach der Aussage aller, die bey ihr waren, die gröſ-

Uebergang in die Reiche der Ruhe segnen, nachdem sie alle Pflichten erfüllet, und alle ihre Kinder glücklich gemacht! Dann — Die Satire ist nicht mehr — ich fühle es, sie stirbt — Kein Zeitungsschreiber ²⁵ ist un-

Q 3

Anmerkungen.

" te Standhaftigkeit und Ruhe bis an ihren letzten
" Augenblick, und durch eine Reihe von großen Qua-
" len. Was für einen Character die Geschichtschrei-
" ber ihr geben werden, weis ich nicht; aber alle
" häusliche Bediente, und die, welche am nächsten
" bey ihr waren, geben ihr das beste Zeugniß, das
" Zeugniß aufrichtiger Thränen.

²⁵ **Kein Zeitungsschreiber ist unschuldiger, als
ich.** Der Zeitungsschreiber ist einer von dem niedrigen Anhange der Bedienung des Staatssecretäres, und
schreibt die Neuigkeiten der Regierung, welche mit
Privilegio gedruckt werden. Sir Richard Steel hatte
ehemals diesen Posten. Und er beschreibet den Zustand
desselben sehr gut in der Schutzschrift für sich, und
seine Schriften: nachdem erschien " ich, als ein
" Schriftsteller in der Qualität des niedrigsten Staats-
" ministers, ich meyne in der Bedienung eines Zei-
" tungsschreibers; hierinn handelte ich getreu nach
" dem Befehl, ohne jemals von der Regel abzuwei-
" chen, welche alle Minister beobachten, dieses Blatt
" beständig sehr unschuldig, und sehr unschmackhaft
" zu erhalten. Den Tadel, den ich alle Zeitungstage

schuldiger, als ich — Es mag in Gottes Namen, jeder Narr und Betrüger im Leben ge-
priesen, und noch im Grabe geschmeichelt
werden.

F. Warum das? Wenn ihre Satire Zeit
und Ort zu treffen weis; so mögen sie den
Größesten geißeln — der in Ungnade gefallen
ist. Denn das Verdienst wird sie alle der Reihe nach verlassen: wissen sie wann? Gerade
alsdenn, wenn sie fallen. Aber alle Satire
verschone, in allen Wechseln des Glücks, den
unsterblichen S — l, und den ehrenvesten
De — re 26. Still und sanft, wie Heilige

Anmerkungen.

„ gegen den Verfasser der Zeitung hörete, habe ich die
„ Stärke zu danken, daß ich gegen alles, was die
„ Leute von mir sagen, und ich nicht verdiene, sehr
„ unachtsam bin. „

26 Unsterblichen S — l, und ehrbaren De — re,
eine Benennung, welche Jakob II. diesem Lord gab.
Er war Kammerherr bey dem Könige Wilhelm; war
es bey dem Könige Georg I. war es bey George dem
II. Dieser Lord verstand sich ungemein auf alle For-
malitäten des Hauses, worinn er sich mit großer Ernst-
lichkeit entladete. P.

zum Himmel fahren, wenn ſie aller ihrer Bande entlöſet, und alle ihre Sünden vergeben
ſind, müſſe dieſe ein Miniſter unter ſeinen
ſanften Flügel nehmen, und auf ewig an die
Seite eines Königs ſetzen: da wo vom ſüßen
Nepenthe eines Hofes entſchlummert, keine
Leidenſchaft, kein Stolz, keine Schaam beun-
ruhigt ²⁷; da wo keine Ungnade eines Vaters,

Q 4

Anmerkungen.

27 **Da, wo keine Leidenſchaften ꝛc.** Der vor-
treffliche Verfaſſer des *Eſprit des Loix* giebt von dem
Geiſt der Höfe, und dem Grundſatze der Monarchen folgenden Charakter: "Qu'on liſe ce que les
Hiſtoriens de tous tems ont dit ſur la Cour des Mo-
narques; qu'on ſe rappelle les converſations des hommes de tous les Pays ſur le miſerable caractere des
Courtiſans; ce ne ſont point des choſes de ſpécula-
tion, mais d'une triſte expérience. L'ambition dans
l'oiſiveté, la baſſeſſe dans l'orgueil, le deſir de s'en-
tichir ſans travail, l'adverſion pour la vérité; la flat-
terie, la trahiſon, la perfidie, l'abandon de tous ſes
engagemens, le mepris des devoirs du Citoyen, la
crainte de la vertu du Prince, l'eſperance de ſes foi-
bleſſes, et plus que tous cela, *le Ridicule perpetuel
jette ſur la vertu,* ſont, je crois, le Caractere de la
plûpart des Courtiſans marqué dans tous les lieux et
dans tous les tems. Or il eſt très mal-aiſe que les

Bruders, Freundes den Schlummer störet, oder sie aus ihrem Amte bringt; wo alle Empfindung des menschlichen Elendes vergangen ist, und alle Thränen aus allen Augen auf ewig abgetrocknet sind; wo keine Wange erröthet, kein Herz klopft.

P. Der Himmel behüte mich, daß ich mich an dem Ruhm derer vergreife, welche wissen, wie gleich Whig Minister den Tories sind, und sich kaum betrüben konnten, drey Könige sterben zu sehen, weil sie bedachten, was für ein gnädiger Prinz [28] nach ihnen folgte.

***

Anmerkungen.

Principaux d'un Etat foient malhonnetes gens, et que les inferieurs foient gens-de-bien, que ceux-là foyent trompeurs, et que ceux-ci confentent à n'être que dupes. Que fi dans le Peuple il fe trouve quelque malheureux honnete-homme, le Cardinal de Richelieu, dans fon *Teftament politique* infinue, qu'un Monarque doit fe garder de s'en fervir. Tant il eft vrai que la Vertu n'eft pas le reffort de ce Gouvernement. „

[28] **Gnädiger Prinz.** Der Stil der Addressen bey einer Thronbesteigung.

Habe ich doch mit stiller Verwunderung Stolz
bey Sklaven, und Geiz bey Königen gesehen;
und es sollte mich ärgern, wenn ein Pair oder
seine Gemahlin, eine Schwester Hungers sterben läßt, oder sich von einer Schuld schwöret?
Daß die Tugend eine leere Pralerey ist, das
gebe ich gern zu [29]; aber soll die Würde des
Lasters verlohren gehen? Ihr Götter! soll
Cibbers Sohn, ohne Tadel, wie ein Lord fluchen, oder Rich [30] mehr huren, als ein Herzog? Soll ein beliebter Kammerdiener mit seinem Herrn um den Vorzug streiten, sich eben
so oft bestechen lassen, und eben so oft lügen?

Q 5

Anmerkungen.

[29] **Die Tugend ist ein leerer Name etc.** Eine
satirische Zweydeutigkeit — entweder daß die verhungern, die sie besitzen, oder daß diejenigen,
welche sich derselben rühmen, sie nicht besitzen:
und beydes zusammen genommen (wie er zu verstehen
geben will) machen den Zustand der heutigen Tugend aus.

[30] **Cibbers-Sohn — Rich.** Zwey Schauspieler:
man sehe sie in der Dunciade. P.

Soll Ward mit der List eines Staatsmannes
Contracte aufsetzen? Oder Japhet, so gut
wie ihre Excellenz, ein Testament unterschla-
gen? Schickt es sich für den Bond oder Peter, (so pöbelhafte Leute!) ihre Schulden so
gut zu bezahlen, oder ihr Wort so gut, wie
Könige, zu halten? Wenn Blount [31] sich selbst
ersticht, so handelt er, wie sichs für einen
Mann geziemet: und auch du magst das thun,
berühmter Passeran [32]! Aber soll ein Buch-

Anmerkungen.

[31] **Wenn Blount.** Der Verfasser eines gottlosen
und läppischen Buches, *the Oracles of Reason;* er hatte sich in eine nahe Verwandtin verliebt, und als er
nicht angenommen wurde, stach er sich in den Arm,
als wenn er sich tödten wollte, woran er denn auch
wirklich starb.   P.

[32] **Passeran.** Verfasser eines andern Buches von
gleichem Gepräge, mit dem Titel: *A philosophical dis-
course on death,* worinn er den Selbstmord vertheidi-
get. Er war ein Edelmann aus Piemont, der wegen
seiner Ruchlosigkeit aus seinem Lande verbannet war,
und im größten Elende lebte, doch nicht Herz hatte,
seine eigne Lehre auszuüben; wovon man damals eine
lustige Geschichte erzählte. Unter seinen Lehrlingen,

drucker [33], der ſeines Lebens müde iſt, aus
ihren Büchern, ſich und ſein Weib hängen
lernen? Das, das mein Freund! darf ich nicht
dulden. Ein ſolcher Mißbrauch des Laſters
verdient die Aufſicht einer Nation: ruft die
Kirche um eine Vorbitte für unſre Sünden

Anmerkungen.

welchen er die Moralphiloſophie las, ſcheinet ein bekannter Spieler geweſen zu ſeyn, der mit ihm unter
einem Dache wohnte. Dieſer nützliche Bürger hatte
verlohren, und kam des Morgens früh in das Schlaf-
zimmer ſeines Lehrers mit zwey geladenen Piſtolen.
Und ſo wie die Engländer in ſolchen Fällen keinen Scherz
verſtehen, ſagte er ſeinem Lehrer, indem er ihm eine
Piſtole überreichte, itzt wäre die Zeit gekommen, wo
er ſeine Lehre ausüben müßte: er für ſich hätte ſein
letztes Geld verlohren, und wäre ein unnützes Glied
der Geſellſchaft geworden, daher er ſich entſchloſſen
hätte, ſeinen Poſten zu verlaſſen: und da er, als ſein
Führer, Philoſoph, und Freund mit Elend um-
ringet, der Auswurf der Regierung, und ſo gar ein
Spott desjenigen Zufalls wäre, welchen er anbetete,
ſo würde er ſich gewiß freuen, eine Gelegenheit zu
finden, wo er ihm Geſellſchaft leiſten könnte. Alles
dieſes ſagte und that er mit ſo viel Entſchloſſenheit
und Ernſt, daß der Italiäner nöthig fand, über Mord
zu rufen, und ſo kamen andre dazu, die ihm halfen. —
Endlich ſtarb dieſer unglückliche Mann als ein Buß-
fertiger.

an [34], und reizet den Donner der Geſetze, der
den Gin traf [35].

Der ſittſame Foſter mag [36], wenn er will,
zehn Metropolitane im Predigen übertreffen;
ein einfältiger Quaker, oder eines Quakers

Anmerkungen.

[33] **Aber ſoll ein Buchdrucker ꝛc.** Eine Geſchichte, die ſich in London vor einigen Jahren zutrug.
Der unglückliche Mann ließ ein Papier nach, worinn
er ſeine Handlung durch Gründe dieſer Verfaſſer
rechtfertigte.

[34] **Dieſer ruft die Kirche um eine Vorbitte
für ꝛc.** Er zielet auf die Gebetsformulare, welche
bey öffentlichem Unglücke aufgeſetzt werden; worinn die
Schuld gemeiniglich dem Volke gegeben wird.

[35] **Gin.** Ein ſtarkes Getränke, deſſen unmäßiger
Gebrauch faſt den ganzen niedrigſten Rang des Volks
ums Leben gebracht hatte, bis er im Jahr 1736 durch eine
Parlamentsacte eingeſchränkt wurde. **P.**

[36] **Es mag der ſittſame Foſter.** Dieſes beſtäti-
get ſeine Beobachtung, welche Herr Hobbes lange vorher machte, daß es ſehr wenig Biſchöfe giebt,
welche eine Predigt ſo gut halten, als verſchie-
dene Presbyterianer, und bekannte fanatiſche
Prediger. Hiſt. of Civ. Wars. S. 62. **Scribl.**

Frau, mag beſſer lehren, als Landaffe 37 —
ja beſſer leben: der demüthige Allen 38 mag

Anmerkungen.

---

37 **Landaffe.** Ein armes Bisthum in Wallis, das
eben ſo arm unterhalten wird. P.

38 Der demüthige Allen mag mit albernen
Schaam verſtohlner Weiſe Gutes thun, und
erröthen, wenn ꝛc. Der wahre Charakter der moraliſchen Stücke unſers Verfaſſers, betrachtet als eine
Beylage zu dem menſchlichen Geſetze, (deſſen
Kraft ſie nach Verdienſt erhalten haben) iſt, daß ſein
Lob immer fein iſt, und ſein Tadel niemals am unrechten Orte ſtehet: und weil daher das erſte den
Kopf ſeiner gemeinen Leſer nicht erreicht, und der
letzte ihr Herz zu empfindlich trift, ſo hat man ihn
als einen kaltſinnigen Panegyriſten, und als einen
heftigen Satiriſten getadelt; da er doch vielmehr der
feurigſte Freund, und der verſöhnlichſte Feind war.

Dieſe Zeilen hat man meiſtens für einen Beweis
von dieſer unedelmüthigen Abneigung, dem Verdienſte
Gerechtigkeit wiederfahren zu laſſen, angegeben. Und
dieſer Tadel, wenn er erwieſen werden könnte, würde
dem Verfaſſer ſehr nachtheilig ſeyn, da er den Mann,
den er hier preiſet, für einen der größten Charactere
im Privatleben hält, die jemals waren; und wußte,
daß er in der That alle, und noch weit mehr Tugenden
beſaß, als er in dem Character des Manns von Roß
erdichtet hatte. Ein Mann, der eine Zierde der
menſchlichen Natur iſt, mag man ihn in ſeinem bür-

mit alberner Schaam verstohlner Weise Gutes
thun, und erröthen, wenn er höret, daß es

Anmerkungen.

gerlichen, gesellschaftlichen, häuslichen, oder in dem
Character seiner Religion betrachten.

Und in der That werden wir sehen, daß das, was
hier von ihm gesagt wird, nur einem solchen Charakter entspricht. Weil man aber so wohl den Gedanken,
als den Ausdruck getadelt hat, so wollen wir sie or-
dentlich betrachten. "Der demüthige Allen mag mit
" alberner Schaam, verstohlner Weise Gutes thun. „

Dieses Lob hat man dunkel genannt (und auch ein
dürftiges) es kann seyn: nicht aus einem Fehler
in den Begriffen, sondern wegen der Tiefe des Sinnes; und was seltsamer scheinen möchte, (wie wir
sehen werden) wegen der Eleganz der Redensart und
Genauigkeit des Ausdruckes. Wir werden von der Gewohnheit so unumschränkt regieret, daß so gar bey einem tugendhaften Manne, der immer sittsam ist, wenn
er derselben entgegen handelt, eine Art von Mißtrauen
erreget, welches die Mutter der Schaam ist. Wenn
sich aber mit diesem ein Bewußtseyn verbindet, daß
man der Wahrheit und Vernunft folget, indem man
die Gewohnheit verläßt, so erzeuget der Unwillen, der
aus einer solchen bewußten Tugend entstehet, indem
er sich mit der Schaam vermischet, diese liebenswür-
bige Albernheit, indem man von der Gewohnheit ab-
gehet, welche der Dichter hier rühmet:

"Und erröthen, wenn er findet, daß es gerühmet
" wird. „ D. i. er erröthet über die Verderbtheit sei-

gerühmt wird. Die Tugend mag ſich im hohen oder im niedrigen Stand zeigen, das kann
der Tugend und mir völlig gleich ſeyn [39]: ſie

Anmerkungen.

ner Zeit, welche höchſtens ſeiner Güte ihr verdientes
Lob giebt, (eine Sache, wornach er nie ſtrebte) an-
ſtatt daß ſie ſeinem Beyſpiele folgen, und ihm nachahmen ſollte, welches die Urſache war, warum er einige Handlungen nicht verſtohlner Weiſe that, ſondern öffentlicher.

So weit von dem Gedanken: aber man wird ſagen:

Tantamne rem tam negligenter?

und dieſes verleitet uns, noch etwas von dem Ausdrucke
zu ſagen, welches die übrige Schwierigkeit aufklären wird.
Dieſe, die vorhergehende und nachfolgende Zeilen, enthalten eine ironiſche Geringachtung der Tugend, und
eine ironiſche Sorge und Bekümmerniß für das Laſter. So daß die zierliche Richtigkeit des Werkes fo-
derte, daß die Sprache in dem erſten Stücke etwas
Nachläßigkeit und Tadel ausdrückte: welches in dem
Ausdrucke des Gedankens vortreflich beobachtet iſt.

[39] Das kann der Tugend und mir völlig gleich
ſeyn. Er giebt die Urſache davon in der gleich folgenden Zeile an. "Sie iſt immer daſſelbe, geliebte,
zufriedene Ding. „ Der Sinn des Textes iſt hier
alſo: "es iſt der Tugend ganz gleichgültig, auf wen
ihr Einfluß falle, auf einen Hohen oder Geringen,
weil ſie immer die gleiche Wirkung hat, ihre Zufrie-

wohne in einem Mönch, oder schwinge sich zu
einem Könige hinauf, sie ist immer dasselbe, be-
liebte, vergnügte Ding. Das Laster gehet zu Grunde, wenn es seine Geburt vergißt, und von
Engeln zu den Hefen der Erde herabsinkt; aber
der Fall ist es, der es in die Erniedrigung einer Hure setzt. Laß die Größe es annehmen,
so ist es nicht mehr niedrig [40], so erkennen Pöbel

Anmerkungen.

denheit; und es ist mir völlig einerley, weil sie immer eine gleiche Wirkung erzeuget, meine Liebe.„

[40] Laß die Größe es annehmen, so ist es
nicht mehr niedrig 2c. Der Dichter will in dieser
ganzen Stelle den Leser an eine sehr außerordentliche
Geschichte erinnern, welche Procopius in seiner geheimen Geschichte erzählet; sie ist kürzlich diese:

Die Kaiserin Theodora war die Tochter des Aca-
ces, der die Aufsicht über die wilden Thiere hatte,
welche die grüne Partey zum Vergnügen des Volkes
hielt. Denn das Reich war damals in zwey Factio-
nen, die grüne und blaue getheilet. Da aber Aca-
ces in der Kindheit der Theodora und ihrer beyden
Schwestern starb, so wurde seine Bedienung, als Aufseher der Bären, einem Fremden gegeben; und seine
Wittwe hatte kein andres Mittel, sich zu ernähren,
als daß sie ihre drey Töchter, welche alle drey sehr
schön waren, öffentlich auf die Schaubühne treten ließ.
Dieser übergab sie eine nach der andern, so wie sie
zu mannbaren Jahren kamen. Theodora begleitete
ihre Schwestern erst in der Tracht, und in dem Amte

bel und Höfe seine Geburt und Schönheit;
keusche Matronen loben, und ehrbare Bischöfe

Anmerkungen.

einer Sklavin. Und als die Reihe an sie kam, die
Bühne zu betreten, so wurde sie, weil sie weder tanzen, noch die Flöte spielen konnte, in die niedrigste
Klasse der Possenreißer zur Belustigung des Pöbels gesetzt; sie spielte ihre Rolle so albern, und beklagte
sich über die Unanständigkeiten, welche sie dulten mußte, in einem so lächerlichen Tone, daß sie der einzige
Liebling des Pöbels wurde. Nachdem sie alle Schande und Entehrung durchgegangen war, hören wir erst
wieder von ihr, da sie sich in Alexandrien aufhielt,
und zwar in großer Armuth und Noth: und wollte
sich gern (wie es denn kein Wunder ist) von da wegbege-
ben. Sie kam, nach einem langen Umwege durch Mor-
genland, nach Constantinopel, wohin sie sich durch
Entehrungen verhalf. Justinian war damals Mit-
regent des Reichs mit seinem Onkle Justinus, und
hatte die Verwaltung gänzlich in seinen Händen. Kaum
sah er die Theodora, so verliebte er sich sterblich in
sie, und würde sie sogleich geheyrathet haben, wenn
nicht damals noch die Kaiserin Euphemia, eine un-
gesittete und barbarische, aber von Natur nicht unar-
tige Dame, gelebt hätte. Und diese versagte ihm zwar
selten etwas, doch wollte sie hierinn durchaus nicht
willigen. Allein sie lebte nicht lange: und darauf ver-
hinderte nichts mehr, als die alten Gesetze, welche einem Senator verbothen, sich mit einer gemeinen
Hure zu verheyrathen, den Justinian, diesen außer-
ordentlichen Entschluß auszuführen. Er beredete den
Justin, diese zu widerrufen: und darauf heyrathete
er seine theure Theodora öffentlich. Ein schreckliches

Popens W. B. 4.   R

fegnen es. Es ziehet die folgsame Welt in güldnen Ketten, und sein ist das Evangelium, sein

---

Anmerkungen.

Exempel, (sagt der Geschichtschreiber) und eine Beförderung der schaamlosesten Lüderlichkeit! Und nun
war Theodora kaum (nach dem Ausdrucke des Dichters) von der Größe angenommen, als sie schon
die Abgöttin des Hofes wurde, da es nicht lange zuvor für ein Unglück gehalten wurde, wenn man ihr
begegnete, und für eine Verunreinigung, wenn man
sie anrührte. Es war keine einzige Magistratsperson,
(sagt Procopius) welche den geringsten Unwillen über
die Schande und Unehre ausdrückte, die dem Staate
angehänget wurde; nicht ein einziger Prälat, welcher
über das öffentliche Aergerniß die geringste Bekümmerniß bezeigte. Alle liefen so geschwind zu Hofe, als
wenn sie einander zuvor kommen wollten, ihre Gnade
zu erhalten. Ja, so gar die Soldaten beeiferten
sich um die Ehre, die Begleiter ihrer Tugend zu werden. Was das gemeine Volk betrift, welches ihre
Dienstbarkeit, ihre Possen und ihre Entehrung so lange angesehen hatte, so warf es sich insgesamt zu ihren Füßen, als Sklaven vor den Fußschemel ihrer
Gebietherin. Mit einem Worte, es war kein Mensch,
wes Standes er auch seyn mochte, welcher das geringste Mißfallen an einer so monströsen Erhebung
bezeigte. Inzwischen ließ Theodora es ihre erste Sorge seyn, ihre Coffer zu füllen, welches sie bald that.
Zu diesem Zwecke stellten sich Justinian und sie, als
wenn sie verschiedener Grundsätze wären. Der eine
beschützte die blaue, und die andre die grüne Partey; bis nach langen Intriguen, wo zuweilen die eine, zuweilen die andre der Plünderung und Confiscation
Preiß gegeben wurde, sie keiner einzigen Partey etwas
ließen. S. *Procop. Anec.* Cap. IX - X.

die Geſetze 41. Es beſteigt den Richterſtuhl,
erhebt ſein Scharlachhaupt 42, und ſiehet die
blaſſe Tugend an ſeiner Stelle am Wagen gebunden. Sehet, wie es den Schutzgeiſt des
alten Englands, rauh von Narben, an den
Rädern ſeines Triumphwagens im Staub fort-
ſchleppt! Seine Waffen hängen zur Schau um
ihn her, ſeine umgekehrte Flagge kehret den
Boden! Vor im tanzen unſre Jünglinge, alle
in einer mit fremden Golde geſchmückten Livrey;
hinter ihm kriechen die Alten! Sehet, gedräng-
te Millionen eilen zu dem Pagoden, und opfern
ihm Vaterland, Aeltern, Weib oder Sohn!
Höret, ſeine ſchwarze Trompete läßt durch
das Land den Befehl erſchallen: Nicht verderbt ſeyn, iſt die Schande! Der Soldat und
der Prieſter, der Patriot und der Große, alle
ſind von Geiz beherrſcht; bey keinem herrſcht

R 2

Anmerkungen.
41 Und ſein iſt das Evangelium, ſein die Geſetze: D. i. Es theilet die Ehrenämter beyder aus.
42 Scharlachhaupt. Eine Anſpielung auf die in
Scharlach gekleidete Hure in der Offenbarung
Johannis.

mehr die Ehrliebe! Sehet, alle unsre Edlen
betteln, um Sklaven zu werden! Sehet, alle
unsre Narren bestreben sich, Betrüger zu seyn [43]!
Der Witz der Betrüger, der Muth einer Hure [44]
werden von zehntausend beneidet und verehret;
alle sehen mit ehrerbietiger Furcht auf Verbre-
chen, die den Gesetzen entgehen, oder über die
Gesetze siegen; und Wahrheit, Verdienste und
Weisheit werden täglich beschrien — "Nichts
" ist mehr heilig, als Schelmerey. „

Doch möge dieser Vers (wenn ein solcher
Vers dauren kann) zeigen, daß noch einer war,
der sie verachtete.

Anmerkungen.

[43] Siehe, alle unsre Narren bestreben sich,
Betrüger zu seyn. So wird es immer gehen;
wenn Schelmerey Mode ist, weil Thoren sich alle-
mal fürchten, nicht modisch zu seyn.

[44] Der Witz der Betrüger, der Muth einer
Hure zc. und kein Wunder, denn der Witz des Be-
trügers ist der, daß er der Gerechtigkeit entgehe,
und der Muth einer Hure ist die Verachtung des
guten Namens; diese setzen den Menschen von dem
zwiefachen tirannischen Zwange freyer Geister, der
Furcht vor der Strafe und der Besorgniß vor Schande, in Freyheit. Scribl.

Epilogus
zu den Satiren
Geschrieben im Jahre 1738.

Zweytes Gespräch.

Zweytes Gespräch.

§. **E**s sind lauter Lügen, wird Paxton [1] sagen.

P. Noch nicht, mein Freund! aber morgen könnte es leicht seyn; und deswegen lasse ich

N 4

Anmerkungen.

P. [1] **Paxton.** Vormaliger Anwald der Schatzkammer.

heute drucken. Wie würd' ich mich ärgern,
wenn ich aus Achtung für die Sünden des neun
und dreyßigsten Jahres jede Zeile umschmel-
zen müßte! Das Laster kömmt mit solchen
Riesenschritten heran, daß die Erfindung sich
umsonst bemühet, ihm vorzukommen. Ich mag
dichten, was ich will [2], und mit noch so starken Farben schildern; es stehet immer ein Genie auf, welches die Sünde so hoch treibet,
als ich gedichtet habe.

§. Aber niemand, außer ihnen, geißelt den
Sträflichen, und nennt ihn bey Namen: Gu-

Anmerkungen.

[2] Ich mag dichten, was ich will. Der Dichter hat hier nebenher eine Entschuldigung für sich selbst
mit großer Kunst beygebracht. Sie greifen persönliche
Charaktere an, sagen seine Feinde. Nein, antwortet
er, ich schildre bloß aus eigner Erfindung; und um
die Gleichheit zu verhüten, zeichne ich die Züge stärker. Aber das Wachsthum des Lasters ist leider so
ungeheuer plötzlich, daß es meinen Zügen gleich wird,
ehe ich meine Satire noch aus der Presse bekomme.

they [3] so gar hilft halb Newgate mit Kreuzen durch. Schonen Sie also der Person, und züchtigen das Laster.

D. Wie? Ich soll nicht den Spieler, sondern die Würfel züchtigen [4]? Wohlan, allgemeine, unbegränzte Satire breite deine weiten Flügel

R 5

Anmerkungen.

3 **Guthry so gar.** Der Ordinarius über Newgate, welcher die Memoiren der Verbrecher heraus giebt, und sich oft bereden läßt, mit ihrer Ehre so zärtlich zu verfahren, daß er nur die Anfangsbuchstaben ihrer Namen anzeiget. **D.**

(by a dash) man hat lieber Kreuze, als Strich übersetzen wollen. Uebers.

4 **Wie? sollte ich nicht den Spieler, sondern die Würfel ꝛc.** Die Lebhaftigkeit der Antwort mag den Fehler in dem Raisonnement entschuldigen; sonst kann die Würfel (dice) ob es sich gleich auf vice (Laster) reimet, nimmermehr an dessen Stelle stehen, welches doch nach dem Argument des Dichters geschehen sollte. Denn die Würfel sind nur die Werkzeuge des Betruges; aber es ist hier nicht die Frage, ob das Werkzeug, sondern ob die Handlung, welche mittelst desselben geschiehet, statt der Person, gezüchtiget werden sollte.

aus, und falle über ganze Geschlechter her.
Ihr Staatsmänner, Priester, alle von einer
Religion! Ihr niederträchtigen Krämer in der
Armee, am Hofe, oder im Parlament! Ihr
ehrwürdigen Atheisten. F. Entsetzlich! Ihre
Namen! Wer?

P. Gerade das haben Sie mir verboten.
Ich habe den nie genannt, der eine Schwester verhungern ließ, der sich von einer Schuld
los schwur; die Stadt erkündiget sich noch, wer
er sey. Die giftmischende Dame — Fr. Sie
meynen — P. Gar nicht — Fr. — Ganz
gewiß. P. Sehen Sie, itzt verschweige ich
das Geheimniß, nicht Sie! der Staatsmann,
der besticht. F. Still, Sie kommen zu hoch.
P. Der Fürst, der sich bestechen läßt — F.
Nun sinken Sie zu tief. P. Ich wollte es Ihnen gern nach Gefallen machen, wenn ich nur
wüßte, wie ᶜ? Sagen Sie mir, welcher Nichts-

Anmerkungen.

ᶜ Ich wollte es Ihnen gern nach Gefallen
machen, wenn ich nur wüßte, wie: sagen Sie

würdige ist freyes Wild, und welcher nicht?
Haben große Missethäter [6], die der Krone einmal entwischt sind, das Recht königlicher Hir-
sche [7], die man nicht wieder jagen darf? Gesetzt,

Anmerkungen.

mir, welcher Schelm ist freyes Wild, 2c. Ich
habe schon angemerkt, daß unser Verfasser eine neue
Gattung von Erhabenen erfunden, und in seinen
Schriften eingeführet, indem er es durch Witz er-
höhet hat. Man findet in seinen Schriften eine Gattung von Eleganz, (und diese Zeilen sind ein Exempel) welche ihm ganz eigen ist, und welche er dadurch erreichet, daß er die einfältigsten und üblich-
sten Redensarten gebraucht, und ihnen dennoch, durch
die größte Kunst, die Würde der ausgesuchtesten
zu geben weis. Quintilian sah den Glanz, den dieses
der wahren Beredsamkeit unter der Hand eines Mei-
sters ertheilet, und die Vorurtheile, welche die
Schwürigkeit, darinn glücklich zu seyn, wider dasselbe
erreget, so wohl ein, daß er sagt: *Vtinam — et
verba in vsu quotidiano posita minus timeremus.*

[6] Haben große Missethäter 2c. Der Fall ist lustig gesetzt. Denn diejenigen, welche der öffentlichen
Gerechtigkeit entwischen, sind die eigentlichen Gegenstände des Satiristen.

[7] Gleich königlichen Zirschen 2c. Er zielt auf
die alten Jagdgesetze, als die Könige noch alle die
Zeit, wo sie keine Menschen schlachteten, in den Wäl-
dern und Forsten verschwendeten.

ihr Geſetz gebeut, der Ritter zu ſchonen; dürfen wir denn, als Vieh der Natur, die Squi-
res verfolgen [8]? Setzen Sie, ich tadele —
Sie wiſſen, was ich ſagen will — mag ich
um eines Biſchofs zu ſchonen, einen Dechant
nennen?

F. Einen Dechant, Herr? Nein: der hat
ſein Glück noch nicht gemacht; Sie würden einem Mann ſchaden [9], der im Begrif ſtehet,
etwas zu werden.

Anmerkungen.

[8] **Dürfen wir denn, als Wild der Natur ꝛc.**
Der Ausdruck iſt ſo grob wie ſein Sujet, aber es iſt
keine Beſchimpfung: Denn wenn ſie Vieh der Natur ſind, ſo ſind ſie nicht ſelbſt gemachtes Vieh; ein
Fehler, den man den Landjunkern nur gar zu oft
vorwirft. Indeß iſt doch das lateiniſche *Ferae natura*, ungeſittete und freye Dinge, edler. *Ferae* kömmt,
wie die Kunſtrichter ſagen, aus dem hebräiſchen *Pere*,
Aſinus ſilueſtris, her. **Scribl.**

[9] **Sie würden einem Mann ſchaden, der ꝛc.**
Denn wie der vernünftige de la Bruyere bemerket:
"Qui ne ſait être un *Eraſme*, doit penſer à être
"*Eveque*." **Scribl.**

P. Darf ich den nicht nennen, der heute etwas wird, so darf ich den Anfänger noch weniger nennen, der morgen etwas werden kann. Herunter, stolze Satire! wenn auch ein Reich geplündert wird, so wage dich an keinen Dieb,
der größer ist als der elende Wild [10]: oder
wenn ein Hof oder ein Land bestohlen wird,
so gehe, versenke einen Taschendieb, und mache
es wie der Haufen.

Aber ich bitte Sie, aus Liebe zum Laster [11],
die Sache ist wichtig, ich bitte Sie, überlegen
Sie es noch einmal; haben Sie weniger Mitleiden mit einem bedürftigen Betrüger, mit dem
armen freundlosen Schelm, als mit dem gros-

Anmerkungen.

[10] Der elende Wild. Jonathan Wild, ein be-
rüchtigter Dieb, und Diebesangeber, der zuletzt selbst
ertappet und aufgehangen wurde.   P.

[11] Aus Liebe zum Laster. Wir müssen uns vorstellen, daß der Dichter hier seine Rede an einen
Mann richtet, der das neue System der Politik annimmt, daß Privatlaster der Vortheil des Publici
sind. Scribl.

sen? Ach! der kleine Schimpf einer Bestechung schadet dem Anwald wenig, aber richtet den Schreiber zu Grunde. Wahrhaftig es ist der Menschenliebe gemäßer, Directors zu strafen, welche, Gott sey Dank! Millionen haben; noch besser, Minister; oder sollte es auch diese noch drücken, einen König die Schuld tragen zu lassen [12].

F. Still! Still! P. Darf denn die Satire, weder steigen, noch sich herab lassen? Reden Sie rund heraus, und befehlen mir, überall keinen Schelm zu tadeln.

F. Ja; schlagen Sie den Wild, ich will es verantworten.

Anmerkungen.

[12] Es einen König entgelten zu lassen. Er redete im Ernst, so lange er von den vorhergehenden Gegenständen der Satire redete: hier aber redet er ironisch, und zielet nur auf die gewöhnliche Weise der Minister, da sie ihre eignen Versehen ihren Herren Schuld geben.

D. Ihn? der Mensch ist schon vor zehen Jahren gehangen ¹³. Wer kehrt sich itzt an dieses veraltete Beyspiel? Selbst Peter zittert nur für seine Ohren ¹⁴.

F. Immer Ihr Peter! Peter hält Sie für unsinnig. Sie machen die Leute verzweifelnd, wenn sie einmal böse sind: Sonst könnte er vielleicht nach einigen Jahren noch wieder tugendhaft werden —

Anmerkungen.

¹³ Ihn? Der Mensch ist schon vor zehen Jahren gehangen. Diese Zeile ist vortreflich. Das starke Humeur, in der unerwarteten Wendung, ist nur ihr zweytes Verdienst. Sie führet den Innhalt sehr schön fort, und zeigt die falschen Regeln der Satire, welche sein Freund, als ein Hofmann, ihm einschärfen wollte: daß er nämlich den gehörigen Gegenstand der Satire, große Verbrecher, die der öffentlichen Gerechtigkeit entwischen, vermeiden, und an deren Statt die kleinen Schelme züchtigen möchte, die sich derselben unterworfen hätten.

¹⁴ Selbst Peter zittert nur für seine eigne Ohren. Peter war ein Jahr vorher kaum dem Pranger entwischet, weil er falsche Briefe gemacht hatte: er war noch mit einem harten Verweise von der Bank davon gekommen. D.

P. So wie S — k, wenn er dann noch lebt, den Prinzen lieben wird.

F. Was haben Sie immer wider den S — k?

P. Thu ich ihm Unrecht? Gott weis, ich lobe den Hofmann, wo ich nur kann. Wenn ich sage, es ist einer, der Gefühl für die Ehrliebe hat, und Zärtlichkeit für die Güte [15], muß ich denn noch Scarbrow [16] nennen? Mit Vergnügen sag ichs, ich sitze in Eschers stillem Hayn

---

Anmerkungen.

[15] Der Gefühl für die Ehrliebe und Zärtlichkeit ꝛc. Dieses ist ein feines Lob; da der Ausdruck zeigt, daß Ehrliebe nur seine zweyte Leidenschaft war.

[16] Scarbrow. Der Graf von, und Ritter des Strumpfbandes, dessen persönliche Liebe gegen den König daraus erhellte, daß er dem königlichen Interesse standhaft anhieng, nachdem er seine große Bedienung niedergelegt hatte; und dessen bekannte Ehre und Tugend ihm die Hochachtung aller Parteyen erwarb. P.

Hayn [17] (wo die Natur und Kent [18] um Pelhams Liebe wetteifern) ich erblicke den Herrn, und glaube, meinen Craggs wieder zu sehen.

——

So gar in einem Bischof kann ich die Verdienste finden; Secker besitzt die Anständigkeit [19]; Rundel hat ein Herz, Benson hat Sitten Popens W. B. 5.　S

———————————

Anmerkungen.

[17] Eschers stillem Hayn ꝛc.　Das Haus und die Gärten von Escher in Surrey, welche dem Herrn Pelham, einem Bruder des Herzogs von Newcastle, gehören. Der Verfasser hätte von seinem Charakter keinen liebenswürdigern Begrif machen können, als da er ihn mit dem Herrn Craggs vergleichet. P.

[1] Kennt und die Natur.　Sagt nichts mehr, als Kunst und Natur.　Und hierinn besteht das Compliment, das er dem Künstler macht.

[19] Secker — Anständigkeit ꝛc.　Diese Worte sind (wie die in dem ersten Gespräche angeführten) ein andres Beyspiel von der Bosheit des öffentlichen Urtheiles.　Der Dichter glaubte, und nicht ohne Grund, daß sie einen sehr hohen Begrif von der würdigen Person ausdrückten, von der sie gebraucht wurden: denn Anständig leben, (oder sich für jeden Stand

und Redlichkeit, und Berkley jede Tugend auf
der Welt.

Aber so bald der Hof einen würdigen Mann
verstößt [20], so bald erkläre ich mich, er besitzt

Anmerkungen.

des Lebens schicken, worein man gesetzt wird) ist das
größte Lob für seine Weisheit und Tugend. Es ist
eben das Lob, dessen er sich bedienet, wenn er von einem seiner liebsten Freunde redet, einem Manne, den
er am höchsten schätzte, und liebte: "edel und jung,
rührest du das Herz mit jedem lebhaften, jedem ge-
ziemenden Talente.„ Das Wort bedeutet in beyden
Stellen jede Gabe des Herzens: wie in dem bekannten Verse des Horaz, woraus der Ausdruck genommen wurde, und welchen niemand mit besserm Rechte
auf sich deuten kann, als dieser vortrefliche Prälat:

Quid verum atque *decens* curo et rogo, & omnis
in hoc sum.

Das *decens* bedeutet also in moralischen Charakter
vortreflich seyn.

20 Aber so bald der Hof einen würdigen rc.
Der Dichter meynet, wenn er ihn seiner Verdien-
ste wegen entfernt: nicht als wenn er glaubte, in
Gnade stehen, oder nicht in Gnade stehen, sey ein
Beweis einer Verderbtheit, oder einer Tugend. "Ich
sah neulich, (sagt der Doctor Swift) aus einem ih-

meine Liebe. Ich hüte mich vor ihm in seinem Zenith, und liebe ihn in seinem milden
Niedergang; so wurden einst Sommers [21] und
Halifax die Meinigen [22]. Oft habe ich in
dem klaren ruhigen Spiegel des Privatle-
bens, den weisen und großen Shrewsbury

S 2

Anmerkungen.

rer Briefe, daß sie mit dem gemeinen Mann eher
von Leuten Gutes denken, die keine Gewalt mehr besitzen, als von denen, die sie haben. Vielleicht ist das
ein Irrthum; aber doch hat er etwas edelmüthiges an
sich." Br. XVII. 3. Sept. 1726.

[21] Sommers. Johann Lord Sommers starb 1716.
Er war unter Wilhelm dem III. Lord Siegelbewah-
rer gewesen; die Siegel wurden ihm 1700. abgenommen. Der Verfasser hatte die Ehre, ihn im Jahr
1706. kennen zu lernen. Er war ein treuer, geschick-
ter, und unbestochener Minister; der die Eigenschaften
eines vollkommenen Staatsmannes mit den Vorzügen eines gelehrten und feinen Mannes verschönerte. P.

[22] Halifax. Ein Pair, der sich durch seine Liebe
zur Gelehrsamkeit eben so sehr hervorthat, als durch
seine Fähigkeiten im Parlament. Er fiel 1710 bey der
Veränderung des Ministerii von der Königin Anna
in Ungnade.

23 betrachtet: den gelaffenen Verstand des Carleton 24, das eble Feuer des Stanhope ver-
glichen und erkannt, wie sie alle einerley großmüthige Absichten hatten.   Wie einnehmend
war Utterbury in seinen ruhigern Stunden!
Wie schimmerte seine Seele unüberwunden im
Tower! Wie kann ich Pulteney, wie kann
ich den Chesterfield 25 vergessen, so lange noch

Anmerkungen.

23 **Shrewsbury.** Carl Talbot, Herzog von Shrews-
bury war Staatssecretär, G....ndter in Frankreich,
Gouverneur von Irrland, Lord Kämmerer, und Lord
Schazmeister gewesen.   Er legte verschiednemal seine
Bedienungen nieder, und wurde oft wieder berufen.
Er starb 1718.   **P.**

24 **Carleton.** Henr. Boyle, Lord Carleton, (Nef-
fe des berühmten Robert Boyle) welcher Staatsecretär unter Wilhelm III. und Präsident des Staatsra-
thes unter der Königin Anna war. **P.** **Stanhope.**
Jakob Graf Stanhope: ein Herr, der so viel Muth,
als Geist und Gelehrsamkeit besaß; General in Spanien und Staatsecretär.   **P.**

25 **Chesterfield.**   Philipp Graf von Chesterfield,
den meistens alle Schriftsteller von allen Parteyen für
ein Beyspiel vorzüglicher Talente, und des Pa-
triotismus desjenigen Alters anführten, worinn er
lebte.

ein römischer Geist und ein attischer Witz be-
zaubern: wie den Argyll, gebohren, den ganzen Donner des Staats zu wägen, und so
den Senat, wie das Feld zu erschüttern: oder
wie den Wyndham [26], der gerecht gegen die
Freyheit und den Thron, so sehr seiner eignen, als unsrer Leidenschaften Meister ist. Lange habe ich diese Namen geliebt, und nicht
umsonst geliebt, im Range ihrer Freunde, nicht
unter der Zahl ihres Gefolges gezählet; und
wenn sich die stolze Liste mit einem noch höhern
Namen schließen [27] sollte, so laßt mich doch

S 3

Anmerkungen.

[26] Wyndham. Sir Wilhelm Wyndham, Kanz-
ler des Erchecher der Königin Anna, machte bald eine
große Figur; hernach aber durch seine Fähigkeit und
Beredsamkeit, die mit der größten Beurtheilungkraft
und Mäßigung verbunden waren, eine noch weit
größere.   P.

[27] Und muß sie noch höher rc. Er war damals mit der Hochachtung und Gnade seiner Königlichen Hoheit des Prinzen beehret.

immer sagen, nicht als Anhänger, sondern als
Freund [28]!

Aber glauben Sie nicht, daß ich nur aus
Freundschaft lobe; ich folge der Tugend: wo
ich sie sehe, da lobe ich; sie weise mich zu einem Priester oder Aeltesten, Whig oder Tory,
oder umstrale den Huth eines Quakers. Ich
habe nie, (und wie bedaure ichs?) bey dem
Mann von Roß, oder bey dem Lord Major [29]
gespeiset. Einige, und lassen Sie sich dieses
Bekenntniß nicht verdrüssen, haben in der Wahl

Anmerkungen.

[28] Nicht ein Anhänger, sondern ein Freund ꝛc.
D. i. ich habe nichts mit ihren Parteyen zu schaffen,
und bin bloß ihren Personen zugethan.

[29] Lord Major. Sir Johann Barnard, Lord
Major im Jahre dieses Gedichtes 1738. Ein Bürger,
der sich durch seine Tugend, seinen Eifer für das Publicum, und durch seine große Talente im Parlament
berühmt machte. Ein vortreflicher Mann, Magistrat
und Senator. Im Jahr 1747. richtete ihm die Stadt
London zum Andenken seiner vielen und großen Dienste für das Land eine Bildsäule auf. Aber sein Bild
war schon lange vorher in dem Herzen jedes rechtschaffenen Mannes.

ihrer Freunde immer einen Hang zu einem Nichtswürdigen. Ich aber suche allenthalben, um einen rechtschaffenen Mann zu finden [30], und
liebe, liebkose und lobe ihn, er stehe in Gnade, oder nicht.

F. Warum loben Sie denn so wenige.

P. Nur nicht so böse! Finden Sie nur die
Tugend, so will ich schon den Vers finden.
Aber ein Lob auf Gerathewohl — dazu kann
ich mich nicht verstehen. Jede Mutter verlangt
es für ihren dummen Sohn; jede Wittwe fodert es für den besten Mann; ihn beweinet
sie, und ihn heyrathet sie wieder. Das Lob
kann sich nicht, wie die Satire, bis zur Erde

S 4

Anmerkungen.

30 Einen Rechtschaffenen zu finden. Es würde
gut gewesen seyn, wenn er in dieser Ausspähung, die
sehr aufrichtig gemeynt war, sich nicht zuweilen auf
Nachrichten anderer verlassen hätte, welche weniger
Einsicht, aber mehr Leidenschaften zu befriedigen
hatten.

herablaſſen; der große Haufen verdient vielleicht
wohl gehangen, aber nicht gekrönet zu werden.
Die Hälfte der Größeſten dieſer Zeit mag zufrieden ſeyn, daß ſie meinem Tadel entgehet,
ohne mein Lob zu verlangen. Sind ſie nicht
reich? was können ſie mehr verlangen? Sind
ſie ſo ſtolz, einen Poeten zum Freunde zu hoffen? Das, was Richelieu nicht hatte ³¹, Ludewig kaum erhalten konnte, und was der
junge Ammon ſich wünſchte, aber nicht er-

Anmerkungen.

³¹ **Was Richelieu nicht hatte.** Er will hier zu
verſtehen geben, daß der größte Ruhm wegen Staats-
klugheit, Freygebigkeit, oder Eroberungen,
wenn ſie nicht mit den Tugenden verbunden ſind, niemals das Lob eines wahren Poeten erhalten werde.
Weil aber Freygebigkeit der Tugend näher kömmt,
als die beyden andern Eigenſchaften, ſo ſagt er, Ludewig konnte es kaum erhalten; da Richelieu,
und der junge Ammon es gar nicht erhielten.

Durch den erſten Ausdruck giebt er auf eine feine
Art zu verſtehen, daß der große Boileau ſich in denen Stellen, wo er ſeinen Herrn ſchmeichelt, niemals
ſich ſelbſt gleich iſt. Von dieſer Schmeicheley giebt
er ein Beyſpiel, wo der Grund ſeiner Schmeicheley
ungemein kindiſch und ausſchweifend iſt.

hielte? Keine Macht kann der Muse gebiethen, Freundschaft zu machen; keine Macht kann sie ihr verwehren, wenn die Tugend sie fodert: Virgil entrichtete dem Cato eine aufrichtige Zeile [32]; o! laßt die Freunde meines Vaterlandes meine Zeilen ausschmücken [33]! — Was denken Sie?

F. Nun, der Gedanke ist keine Sünde; ich denke, ihre Freunde stehen nicht am Hofe, und möchten doch gern am Hofe stehen.

S 5

Anmerkungen.

[32] **Virgil zählte den Cato ꝛc.** In der Aeneis:

His dantem jura Catonem.

Er will sagen: wenn Virgil, der ein Hofmann war. Eine aufrichtige Zeile schrieb, wie viel muß ich schreiben, der ich keiner bin.

[33] **O! laßt die Freunde meines Vaterlandes meine Zeilen ꝛc.** Ein netter Ausdruck, der auf die alte Weise zielet, die MSte mit Gold auszuzieren.

P. Wenn sie bloß, um am Hofe zu stehen, den Hof verlassen, so ist das ein seltsamer Weg in die Runde.

F. Sie können doch auch verdorben werden, nicht wahr?

P. Ich nenne nur die Nichtswürdige [34], die es itzt sind. Ist das zu wenig? wohlan, ich will thun, was Sie verlangen — Geist des Arnall [35] hilf mir lügen! Cobham ist feig, Polwarth ein Sklav [36], und Lyttelton ein

---

Anmerkungen.

[34] Ich nenne nur diejenigen Nichtswürdige ꝛc. Er überließ es der Zeit, ihnen zu sagen; "Cato ist "ein eben so großer Betrüger, als ihr!„ Nicht der Cato Virgils, sondern der Cato des Pope. Siehe den Brief über die Reichthümer.

[35] Geist des Arnall ꝛc. Man sehe ihn an seinem Orte in der Dunciade; B. II.

[36] Polwarth. Hugo Hume, Sohn des Alexander Grafen von Marchmont, Großsohn Patrics des Grafen Marchmont, der sich so, wie sie in der Sache der Freyheit hervorthat. P.

verstockter, arglistiger Betrüger; St. John ist
immer ein reicher Narr gewesen — Lassen Sie
mich auch sagen, Sir Robert ist von Herzen
dumm, hat sich in seinem Privatleben keinen
einzigen Freund gemacht, und war außerdem
noch ein Tyrann seiner Frau.

Aber sagen Sie, trift ihn mein Tadel,
wenn andre ihn loben [37]? Treffen ihn die Namen, Verres, Wolsey, trift ihn jeder andre
verhaßte Name? Warum schelten sie denn, o!
mein vollkommenster St. John! wenn nur
einer von meinen Kränzen deinen Altar
schmücket?

Anmerkungen.

[37] **Trift ihn der Tadel, wenn andre ihn loben?** Die Anführer der Parteyen, sie mögen so blu-
menreich seyn, wie sie wollen, behelfen sich meistens
mit einer rhetorischen Regel, welche sie von dem Quintilian, oder vielleicht von einem noch viel ältern So-
phisten gelernet haben mögen: Si nihil, quod nos ad-
juvet, erit, quaeramus quid Adverfarium laedat.
Scribl.

Wie? soll jeder wundgespornte Miethling, wenn ihm Parton [38] doppelt Brod und Lohn giebt, oder soll jeder neu bezahlte Landstreicher mir die Fenster einschlagen, wenn ich einen Freund bewirthe? Soll er mit Koth werfen, und dann sich weise entschuldigen, er habe nicht mich, sondern meinen Gast treffen wollen? Wahrhaftig, wenn ich den Minister schone, so können mir keine Gesetze der Ehren verwehren, seine Werkzeuge zu zerschlagen: Wahrhaftig, wenn die nicht schneiden können, so kann man sagen, seine Säge hat keine Zähne, und seine Axt ist von Bley.

Es verdroß den Turenne, als er einst sah, daß ein Fußknecht, der seinen Sold empfieng,

---

Anmerkungen.

[38] *Wenn ihm Parton 2c.* Wenn diese Bande von Besoldeten so böse war, da sie noch in einem Corps unter Aufsicht standen, was müssen wir nicht von ihren Unordnungen denken, seitdem sie losgelassen, und Freybeuter geworden waren? Sie haben keiner Tugend, keines Verdienstes geschonet.

mit dem Fuße gestoßen wurde. Als er aber
die Beleidigung des Soldaten hörte, und ver-
nahm, daß der eine ein redlicher Mensch, der
andre ein Schelm war; machte der kluge General einen Spaß daraus, und bath ihn, daß
er sich die Mühe geben möchte, die übrigen
auch zu stoßen: da ihm itzt die Zeit fehlte,
dieses zu thun. —

F. Still, um des Himmels Willen! Wer
hat Sie beleidiget? Wenn hat S — t wider ihren Gottesdienst geschrieben? oder P — ge
seinen Witz ausgegossen? Oder gesetzt auch, der
Barde [39], dessen Vers bey der Macht ein
Diener, ohne Macht ein Freund, überall
gelobt wird, wäre gegen den W — le einer
verzeihlichen Sünde schuldig, was geht das Sie
an, die Sie niemals in oder außer Gnade
standen?

Anmerkungen.

39 Der Barde. Ein Vers, aus einem Gedichte an
den Sir Robert Walpoln. P.

· Der Priester ⁴⁰, deſſen Schmeicheley die Krone beſchmutzte, wie ſchadete er Ihnen? Er befleckte nur den Prieſterrock. Und ſagen Sie nur, wie beleidigte Sie der blumenreiche Jüng- ling ⁴¹, deſſen Rede Sie nahmen und einem Freunde gaben?

P. Gewiß! es iſt nicht viel daran gelegen, von wem ſie kam; wer ſie borgte, verdiente keinen Tadel: denn das ganze Haus machte es hernach eben ſo. Es mag ein höflicher Witz- ling den andern mit Nahrung verſehen, wie in den weſtphäliſchen Bauerhütten ein Schwein das andre; wenn eines durch die Milde der Natur, oder ſeines Herrn etwas empfängt, was der ſparſame, kothigte Boden giebt, ſo bekömmt es von ihm das nächſte, dick oder

---

Anmerkungen.

40 Der Prieſter. Das iſt nicht von einem beſon- dern Prieſter, ſondern von vielen geſagt. P.

41 Und wie beleidigte ꝛc. Dieſes ſcheinet auf eine Klage zu zielen, die im vorhergehenden Geſprä- che angeführet iſt.

dünn, eben so reines Futter, wie es dasselbe einnahm; der glückliche Vortheil schränket sich noch da nicht ein, er fällt vor dem dritten, welches dicht hinter ihm frißt; sie fressen und saufen vom Hintern in den Mund, und das letzte Schwein giebt es völlig so gut dem Hause wieder.

F. Ueber dieses schmutzige Gleichniß, diese schweinische Zeile möchte ich mich übergeben.

P. Und so ich über Schmeicheleyen: alles was Ihre höfliche Eibelkatzen von sich gehen lassen, was für Sie Weihrauch ist, ist für mich Unflath. Aber hören Sie mich aus 42. Es ist ausgemacht, Japhet schrieb nicht, und Chartres konnte weder lesen noch schreiben; er ist

---

Anmerkungen.

42 In der Handschrift: Ich will das einräumen und noch mehr, es ist bekannt, daß Japhet nicht schreiben, und Chartres kaum lesen konnte.

Japhet - - Chartres. S. den Brief an den Lord Bathurst. P.

völlig unschuldig vor allen Gerichten des Pin-
dus: aber, mein Freund, Federn, die nicht
schreiben können, können unterschieben: und
verdient nicht Japhet deswegen eben so gut,
daß man ihm ein Ey ins Gesicht wirft, weil
die Handschrift, die er schmiedete, nicht mir
gehörte! Muß der Patriot niemals auf den
Gin schimpfen, wenn der gute Mann nicht eine sehr artige Bedienung gehabt hat? Muß
kein eifriger Prediger einer untreuen Frau Verweise geben, ohne einen sichtbaren Grund an
seiner eignen Stirne zu tragen? Und soll jeder
Lästerer gänzlich der Ruthe entkommen, weil
er nicht auf Menschen, sondern auf Gott lästert?

Fragen Sie, was für Ursachen ich habe,
aufgebracht zu seyn? Die starke Feindschaft
zwischen dem Guten und Bösen. Wenn Wahrheit oder Tugend eine Beleidigung ausstehet, so
trift die Beleidigung mich, mein Freund, und
sollte auch Sie treffen. Mich als einen erklär-
ten Feind der Heucheley, welcher glaubt, daß
ein Dummkopf nicht mehr Ehre, als Verstand
hat; mich, als einen Freund jeder würdigen

Seele;

Seele; und mich, als einen Menschen, der für alle Menschen empfindet [43].

F. Sie sind sehr stolz.

P. So stolz, daß ich kein Sklav bin: so unverschämt, daß ich mich rühme, kein Schelm zu seyn; so närrisch, daß der Untergang meines Vaterlandes mich ernsthaft macht. Ja, ich bin stolz [44]; ich muß stolz seyn, wenn ich sehe, daß sich Menschen, die sich vor Gott nicht fürchten, vor mir fürchten; und sicher vor dem Gericht, der Kanzel und dem Thron,

Popens W. B. 5.   T

Anmerkungen.

43 Mich, als einen Menschen, der für alle andre empfindet. Aus dem Terenz: "Homo sum: humani nihil a me alienum puto. „ P.

44 Ja ich bin stolz 2c. In diesem ironischen Frohlocken giebt der Poet ein Subiect der größten Demüthigung zu verstehen.

doch und allein von der Spötterey gerührt und beschämt werden 45.

O! heiliges Gewehr! zum Schutz der Wahrheit gelassen, einziger Schrecken der Thorheit,
des Lasters und des Stolzes! allen andern Händen versagt 46, als denen, die der Himmel

---

Anmerkungen.

45 Doch, und allein von der Spötterey ge-
rühret und beschämet werden. Die Leidenschaften
sind uns gegeben, um die Tugend zu erwecken, und
zu unterstützen. Aber oft verrathen sie das ihnen An-
vertraute, und treten auf die Seite des Lasters. Die
Spötterey, wenn sie für die Sache der Tugend gebraucht wird, beschämet, und bringt sie wieder zu ihrer Pflicht zurück. Daraus entstehet der Nutzen, und
die Wichtigkeit der Satire.

46 Allen Händen versagt, außer denen, die
der Himmel leitet. "Der Bürger, (sagt Plato
in seinem fünften Buche von den Gesetzen) der niemand beleidiget, verdienet unstreitig unsre Hochachtung. Derjenige, welcher noch damit nicht zufrieden ist, bloß gerecht zu seyn, sondern sich dem Laufe
der Ungerechtigkeit widersetzet, indem er sie vor der
Obrigkeit anklaget, verdienet unsre Hochachtung noch
weit mehr. Der erste thut die Pflicht, eines einzigen
Bürgers: aber der andre verrichtet den Dienst eines
ganzen Körpers. Aber der, dessen Eifer hiemit noch

selbst führet, die Muse kann dich geben, aber
die Götter müssen dich leiten: mit Ehrfurcht
berühre ich dich! aber mit tugendhaftem El-
fer, um die Wächter des öffentlichen Wohls
zu erwecken, das langsame Parlament zum
Werke der Tugend aufzufodern, und den
schlummernden Prälaten in seinem Stalle
aufzuspornen 47. Ihr leuchtenden Insec-

T 2

Anmerkungen.

nicht seine Gränzen hat, sondern noch weiter gehet,
und der Obrigkeit strafen hilft, ist der schäzbarste
Segen für eine Gesellschaft. Dieser ist der vollkom-
mene Bürger, dem wir den Preis der Tugend
zuerkennen sollten.

47 Und den Prälaten, der in seinem Stall
schlummert ꝛc. Der gute Eusepius stellet in seiner
Evangelischen Vorbereitung eine lange Verglei-
chung zwischen einem Ochsen und dem christlichen
Priesterthum an. Daher hat die hohe Geistlichkeit,
bloß aus Demuth, ihren Thron immer einen Stall
genannt. Hierauf zielet ein großer Prälat von Win-
chester, mit Namen W. Edinton, mit Bescheidenheit,
(der sonst schon lange vergessen gewesen ist) und hat
seinen Namen durch dieses ecclesiastische Aphorisma
unsterblich gemacht:

ten ⁴⁸, welche der Hof hält, der eure Schönheiten nur nach euren Flecken zählet, spinnet
alle eure Gewebe vor dem Auge des Tages
aus! Der Flügel der Muse soll euch alle

Anmerkungen.

Woraus jedoch erhellet, daß er keiner von denen
hier verurtheilten war, die in ihrem Stall schlummern. Scribl.

⁴⁸ Ihr leuchtenden Insecten - nach euren
Flecken - spinnet eure Gewebe ꝛc. In dem Briefe an den Dr. Arbuthnot: " wer rädert einen
Schmetterling? Dennoch muß ich diese Wanze mit
vergüldeten Flügeln, dieses bunte Kind des Kothes,
welches sticht und stinket ꝛc. Man macht den Ein-
wurf, diese wären keine Insecten der Natur, sondern
Geschöpfe des Dichters, und daher wären solche zu-
sammengesetzte Bilder zu verwerfen. Man sollte hieraus glauben, daß vermischte Eigenschaften den
Verstand eben so sehr verwirrten, als vermischte Metaphern den Stil. Allein wer das denket, der irret.
Der Fehler vermischter Metaphern liegt darinn,
daß sie die Einbildungskraft von einem Bilde zum
andern führen, da doch der Verfasser sie auf ein einziges heften wollte. Vermischte Eigenschaften hingegen verrichten ihren Dienst ganz richtig, und unterrichten den Verstand von dem, was der Verfasser
sagen wollte, daß nämlich das moralische Insect
ein unwürdiger Geschöpf sey, als das physische,
weil es in einem Individuo verschiedene böse, oder
geringschätzige Eigenschaften, welche die Natur bey vie-

wegfegen ⁴⁹: alles, was Jhro Gnaden predigt, alles, was Jhro Excellenz singet, alles,
was aus Königinnen Heilige, und aus Königen Götter macht; alles, alles, außer der

T 3

Anmerkungen.

len zerstreuet hat, zusammen besitzet. Und wenn wir
sie wirklich so zusammen finden; Z. E. Gift, Sophi-
sterey, und Hinterlist, in einem HofeSchmetterling,
so wird es, wenn ihm der Biß einer Wanze, und
das Gewebe einer Spinne zugeleget wird, ein wirk-
liches Ungeheuer, aber ein Ungeheuer, das die Natur, nicht der Dichter, hervorgebracht hat,

euius velut aegri somnia vanae
Fingentur species.

⁴⁹ Ihr Insecten — der Flügel der Muse soll
euch alle wegfegen. Das that er auch wirklich;
und man würde ihrer nicht mehr gedacht haben, wenn
nicht die Barmherzigkeit des Dichters ihnen ihr elendes Daseyn noch ein wenig verlängert hätte. Es
findet sich itzt in seiner Bibliothek eine vollständige
Sammlung von allen abscheulichen Libellen, die wider ihn geschrieben und gedruckt sind. Er hat sie in
verschiedenen Bänden nach ihrer Größe gebunden, vom
Folio an bis auf die Duodezbände; und hat auf alle
dieses Motto aus dem Buche Hiob geheftet: Siehe,
es ist mein Verlangen, daß mein Feind ein Buch
schreiben sollte. Gewiß, ich sollte es auf meiner
Schulter tragen, und es mir als eine Krone aufbin-
den. Kap. XXXI. v. 35. 36.

der Wahrheit, fällt todtgebohren von der Pref-
se in den Staub, wie die letzte Gazette, oder
die letzte Addresse ⁵⁰.

Wenn schwarzer Ehrgeiz ⁵¹ die Sache einer
Nation beflecket, wenn rasende Ehrsucht das

Anmerkungen.

Ibid. Spinngewebe. Schwache und nichtswürdige Verläumdungen wider Tugend und Ehrlichkeit.
Dünner Firniß über das Laster, so unfähig, das Licht
der Wahrheit zu verbergen, wie Spinngewebe die
Sonne beschatten können. p.

⁵⁰ In der Handschrift: "Wo ist itzt der Stern,
der dem Carl leuchtete, empor zu steigen? — Er ist
da, wo der Stamm ist, der dem Julius bis zum
Himmel folgte. Ihr Engel, die ihr die königliche Ei-
che so wohl bewachet, wie kam es, daß ihr entschlum-
mertet, da der unglückliche Sorel fiel? Fort sind die
lügenden Wunder! bis auf den berührenden Finger
des Königs, und den Pantoffel des Pabstes herunter
gesetzt; fort ist der Anspruch des hochmüthigen Edgar
auf die Herrschaft des Meeres, Britanniens auf Frankreich, und Spaniens auf Indien!

⁵¹ Wenn schwarzer Ehrgeiz ꝛc. Der Vorfall
Cromwells in dem Bürgerkriege in England; und das
Schwerd des Monarchen, in der folgenden Zeile,
zielt auf Ludewig den XIV. in seiner Eroberung der
Niederlande. p.

Schwerd eines Monarchen zieht, so kann nicht
ein Kranz vom Waller die Narbe der Nation
verstecken, noch Boileau [52] die Feder in einen
Stern verwandeln.

Ganz anders, wenn, bekrönet mit göttlichen
Stralen, berührt mit der Flamme von dem
Altar der Tugend, die Muse, ihre Priesterin,
den Guten dem Tode entreißt, und ihm den
Tempel der Ewigkeit öffnet. Da schmücken
ganz andre Trophäen den wahrhaftig Tapfern,
als die, welche Anstis [53] mit in sein Grab

T 4

Anmerkungen.

[52] Nicht Boileau kann die Feder ꝛc. Man sehe seine Ode über Namur; wo nach seinen eignen
Worten: "Il a fait un Astre de la Plume blanche
que le Roi porte ordinairement à son Chapeau, et
qui est en effet une espece de Comete, fatale à nos
ennemis. „ 　　　　　　　　　　　　P.

[53] Anstis. Der erste Herald at Arms. Es ist
ein Gebrauch, daß man bey dem Begräbniß eines grof-

wirft; ganz andre Sterne, als die, welche *
und ** trägt, die vom Stair ⁵⁴ auf den
Mordington kommen können: solche, die in
der unbefleckten Krone des Hougs schimmern,
oder, redlicher Digby ⁵⁵, auf deiner Brust
stralen.　Laß den Neid heulen, indem der
ganze Chor des Himmels singet, und Ehrenzeichen anbeten, die keine Könige gegeben ha-

---

Anmerkungen.

sen Pairs die zerbrochenen Stäbe und Ehrenzeichen
mit ins Grab wirft.

⁵⁴ Stair, Johann Dalrymple, Graf von Stair,
Ritter des Thistleordens diente in allen Kriegen un-
ter dem Herzog von Marlborough, und nachmals als
Gesandter in Frankreich.　　　　　P.

⁵⁵ Hough und Digby.　Der Johann Hough,
Bischof von Worchester, und der Lord Digby. Der
eine ein Vertheidiger der Kirche von England wider
die falschen Maaßregeln Jakobs des Zweyten.　Der
andre war der Sache des Königs eben so standhaft ergeben.　Beyde handelten aus Grundsätzen, und waren gleich redliche und tugendhafte Männer.

den; laßt die Schmeicheley mit Verdruß den Weihrauch düften sehen, der der Welt eine Erquickung, und dem Himmel ein süßer Geruch ist: Wahrheit schützet den Dichter, heiliget seine Zeile, und macht Verse unsterblich, wenn sie auch so schlecht sind, als meine.

Ja, ich will die letzte Feder für die Freyheit ziehen, wenn die Wahrheit zitternd am Rande der Gesetze steht. Hier, ihr letzten der Britten! soll man eure Namen lesen; und ist keiner, keiner mehr am Leben; so will ich die Todten loben, und für die Sache, worinn eure Väter glänzten, durch das Urtheil ihrer ausgearteten Nachkunft sterben.

F. Ach! ach! ich bitte Sie, hören Sie auf, und schreiben Sie den nächsten Winter mehr Versuche vom Menschen [56].

T 5

Anmerkungen.

[56] Dieses war das letzte Gedicht von der Art, welches der Verfasser drucken ließ, mit dem Entschlusse,

Anmerkungen.

nichts mehr heraus zu geben; sondern so gewissermaaſ-
ſen auf die kläreſte und feyerlichſte Art, die ihm
möglich wäre, ſeine Erklärung wider dies unüber-
windliche Verderbniß, und den Verfall der Sitten
einer Zeit niederſetzen zu laſſen, worinn er ſo unglücklich geweſen, zu leben. Könnte er ſich Hoffnung gemacht haben, ein Laſter zu verbeſſern, ſo würde er
dieſe Angriffe fortgeſetzt haben; aber die böſen Menſchen waren ſo ſchaamlos und ſo mächtig geworden,
daß das Gelächter eben ſo unſicher, als unwirkſam geworden war. Das Gedicht machte ihm, wie er ſchon
vorher ſah, einige Feinde; allein er hatte Urſache mit
dem Beyfall rechtſchaffener Leute, und mit dem Zeugniß ſeines eignen Gewiſſens zufrieden zu ſeyn. P.